高等职业教育"互联网+"新形态一体化系列教材
城市轨道交通类高素质技术技能型人才培养教材

城市轨道交通
应急处理

主　编 ◎ 史望聪　　葛党朝　　贾拴航
副主编 ◎ 王维华　　叶娟梅　　韩宜轩　　宋丽梅

华中科技大学出版社
http://www.hustp.com
中国·武汉

图书在版编目(CIP)数据

城市轨道交通应急处理/史望聪,葛党朝,贾拴航主编. —武汉:华中科技大学出版社,2022.1
ISBN 978-7-5680-7861-0

Ⅰ.①城… Ⅱ.①史… ②葛… ③贾… Ⅲ.①城市铁路-交通运输事故-处理 Ⅳ.①U239.5

中国版本图书馆 CIP 数据核字(2021)第 277787 号

城市轨道交通应急处理
Chengshi Guidao Jiaotong Yingji Chuli

史望聪　葛党朝　贾拴航　主编

策划编辑：张　毅
责任编辑：白　慧
责任监印：朱　玢
出版发行：华中科技大学出版社（中国·武汉）　　电话：(027)81321913
　　　　　武汉市东湖新技术开发区华工科技园　　邮编：430223
录　　排：华中科技大学惠友文印中心
印　　刷：武汉市籍缘印刷厂
开　　本：787mm×1092mm　1/16
印　　张：12.5
字　　数：308 千字
版　　次：2022 年 1 月第 1 版第 1 次印刷
定　　价：42.00 元

本书若有印装质量问题,请向出版社营销中心调换
全国免费服务热线：400-6679-118　竭诚为您服务
版权所有　侵权必究

前　言

　　城市轨道交通是一个复杂的系统，其运营工作涉及车站运作、调度指挥、列车运行、信号通信、设备维护及供电等多个部门，运营安全受到人、设备、环境和管理等多重因素的影响。这个系统中的任何环节出现事故或设备故障，都会给运营工作带来不利影响或重大损失。为此，所有的城市轨道交通运营企业都制定了针对设备故障的应急处理程序、针对运营事故的事故处理规定和针对突发事件的应急处理预案等。同时，对于城市轨道交通企业的员工来说，在工作中遇到突发事件，能够按企业应急预案的要求迅速反应、合理处置已经成为其核心职业能力。

　　从国民经济发展需要来看，对城市轨道交通行业的从业人员既有数量上的需求，又有高素质高技能的要求。《城市轨道交通应急处理》以城市轨道交通运营企业的岗位需求为导向，结合城市轨道交通运营管理岗位的实际工作流程，从控制中心、车站、乘务三个层面的协调运作出发进行编写。通过对本书的学习，学生应掌握城市轨道交通突发事件处理原则，熟悉应急工具的使用规定和操作方法，掌握运营生产类、自然灾害类、公共安全类等突发事件的处理方法及流程，能根据突发事件应急处理程序分角色完成应急预案演练。

　　本书共分为6个项目，22个典型学习任务，具体内容包括城市轨道交通应急处理概述、车站突发事件应急处理、信号设备故障应急处理、火灾应急处理、运营伤亡事件应急处理、恶劣天气与自然灾害应急处理等。这些内容包括城市轨道交通车站常见的应急情况，也包括车站工作人员上岗前必须掌握的基本技能。

　　本书由陕西交通职业技术学院史望聪、神州高铁二号线（天津）轨道交通运营有限公司葛党朝、西安市轨道交通集团有限公司运营分公司贾拴航担任主编，陕西交通职业技术学院王维华、叶娟梅、韩宜轩和杨凌职业技术学院宋丽梅担任副主编。具体编写分工如下：葛党朝编写项目1，史望聪编写项目2，王维华编写项目3，贾拴航编写项目4，叶娟梅和韩宜轩编写项目5，宋丽梅编写项目6。全书由史望聪和贾拴航统稿。

　　由于编者水平及时间有限，书中难免存在疏漏和不足之处，敬请广大读者批评指正。

编　者

目　录

项目1　城市轨道交通应急处理概述 ……………………………………… 1
　任务1　城市轨道交通突发事件概述 …………………………………… 2
　任务2　认识城市轨道交通应急设备 …………………………………… 13
　任务3　突发事件应急处理与救援 ……………………………………… 20
　实训任务　城市轨道交通应急设备认知及使用 ……………………… 29

项目2　车站突发事件应急处理 ………………………………………… 33
　任务1　屏蔽门系统故障应急处理 ……………………………………… 34
　任务2　车站大面积停电应急处理 ……………………………………… 41
　任务3　车站公共安全事件应急处理 …………………………………… 45
　任务4　大客流应急处理 ………………………………………………… 55
　实训任务1　体验城市轨道交通车站的大客流 ………………………… 63
　实训任务2　大客流应急处理模拟 ……………………………………… 63

项目3　信号设备故障应急处理 ………………………………………… 67
　任务1　认知信号系统故障应急处理 …………………………………… 68
　任务2　道岔故障应急处理(一) ………………………………………… 74
　任务3　道岔故障应急处理(二) ………………………………………… 78
　任务4　轨道电路、计轴故障应急处理 ………………………………… 83
　任务5　列车自动监控(ATS)系统故障应急处理 ……………………… 92
　任务6　列车自动防护(ATP)系统故障应急处理 ……………………… 99
　实训任务1　设备故障应急处理 ………………………………………… 107
　实训任务2　轨道电路故障的应急处理流程及演练 …………………… 107
　实训任务3　ATP系统故障的应急处理流程及演练 …………………… 109

项目4　火灾应急处理 …………………………………………………… 113
　任务1　认识火灾应急处理 ……………………………………………… 114
　任务2　车站火灾应急处理 ……………………………………………… 123
　任务3　列车火灾应急处理 ……………………………………………… 129
　实训任务1　观察火灾应急设施设备及分布 …………………………… 134
　实训任务2　站厅层火灾应急演练 ……………………………………… 135

项目5　运营伤亡事件应急处理 ………………………………………… 139
　任务1　乘客伤亡事件应急处理 ………………………………………… 140

任务 2　道床伤亡事件应急处理 ·· 152
任务 3　运营伤亡事件紧急救护 ·· 159
实训任务 1　骨折急救处理实训 ·· 164
实训任务 2　外伤止血急救处理实训 ··· 165

项目 6　恶劣天气与自然灾害应急处理 ··· 171

任务 1　常见恶劣天气应急处理 ·· 172
任务 2　水灾应急处理 ··· 177
任务 3　地震应急处理 ··· 183
实训任务 1　强暴雨出入口水淹事件的应急处理 ································ 187
实训任务 2　城市轨道交通遭遇地震演练 ······································· 188
实训任务 3　暴雪天气应急处理 ·· 190

参考文献 ·· 192

项目 1
城市轨道交通应急处理概述

 项目描述

通过本项目的学习,面对城市轨道交通日常运营过程中的突发事件,能独立判定应急处理措施和工作内容,认识城市轨道交通应急设备(包括列车应急设备、车站应急设备等),并借助各种行车设备或运行条件为载体,训练对列车运行的状态、条件的控制与处置能力,熟悉城市轨道交通的应急救援预案的基本内容。

 技能目标

(1) 能够正确分析城市轨道交通运营事故的原因;
(2) 能够认识以及分辨列车应急设备、车站应急设备;
(3) 能够进行城市轨道交通应急救援工作中的单项演练。

 素质目标

(1) 培养良好的岗位安全意识和职业素质;
(2) 熟练掌握各类规章制度,严格执行工作程序、工作规范、工作标准和安全操作规程。

 案例导入

2009年12月22日早上7点,作为我国最繁忙的城市轨道交通运营线路之一、日均客流量超过100万人次的上海市交通运营"大动脉"的上海地铁1号线发生两列列车碰撞事故,并由此陷入长达4h的大瘫痪。由于事故发生时处于上班早高峰,又恰逢冬至扫墓出行高峰,大量乘客滞留轨道交通车站。乘客在转乘地面交通时,又面临打不到出租车、难以挤上公交车的窘状。事故发生后,政府管理部门、地铁运营单位、相关公交企业等及时启动应急预案,一方面派出抢修队伍,一方面启动公交预案组织乘客疏散。上海巴士公交有限公司紧急增援的公交车多达105辆,大量公安干警紧急维持秩序。直到中午11:48,乘客才疏散完毕,整个应急疏散过程长于4h。在这之后,上海地铁又发生了3起事故。在同一天发生4起地铁事故,并造成7h的交通拥堵,这是上海地铁营运史上罕见的重大事故。一个故障引发的撞车,瞬间让整个城市交通陷入一种异常拥堵的混乱局面,并导致大量乘客被困在地铁通道里长于2h。而上海市民更是在事故发生2h后才获知地铁出现了故障,信息传递的不及时致使许多市民在事故发生后还不断地到达现场。

案例表明:城市轨道交通突发灾害容易影响到城市系统的正常运转以及整个城市的安

全管理,使突发灾害的危害性被放大。研究国外重大突发灾害管理模式的运作特点,我们可以看到高效运作是防止重大突发灾害扩大、升级的基本要求。重大突发灾害的突发性,要求重大突发灾害管理机构能尽快做出反应决策,防止事态恶化。城市轨道交通突发灾害所处的环境和城市轨道交通车站的布局特点,给应急管理带来了困难。要及时有效地把城市轨道交通突发灾害的危害降至最低程度,城市轨道交通突发灾害应急管理机制是急需解决的问题。

任务1　城市轨道交通突发事件概述

任务导入

城市轨道交通企业各岗位员工在日常工作中会遇到各种突发事件,这时应按照企业突发事件应急预案的要求快速反应、合理处置,以便最大限度地减轻事件危害,保障企业正常生产运营和人民生命财产安全。为此,必须掌握城市轨道交通安全生产和应急处理的概念、特征,以及应急处理原则等基础知识。

任务描述

(1) 讨论城市轨道交通生产安全事故(事件)的定义、分类和分级。
(2) 学习突发事件的定义、分类及特征。
(3) 讨论为何要坚持应急处理原则。

知识准备

一、城市轨道交通运营状态与危险源识别

1. 城市轨道交通运营状态

按照运营的安全水平,城市轨道交通系统运营状态可以分为正常运营、非正常运营和紧急运营三种情况(见图1-1)。正常运营状态是按照排定的运行图和工作秩序进行运营,系统运行正常,运输需求和系统的供给能力相配,系统状态较为稳定。非正常运营状态是系统运营中出现了不良的影响因素,如列车晚点、区间堵塞、列车故障、沿线设备故障等,应针对这些现象和问题及时实施相应的调整方案,积极消除不稳定因素的影响,重视不够或调整不及时可能会导致严重后果。紧急运营状态是指城市轨道交通系统自身出现较为严重的机械、运行、服务故障,或遭遇严重的内、外部灾害影响,从而导致系统的运营能力减弱或停止,严重影响到系统的稳定性和乘客的人身安全。

造成非正常运营状态和紧急运营状态的原因很多,大致可分为以下几类:
(1) 设备、硬件故障造成的运营中断事故,如车辆故障、线路故障和各种设备故障造成的行车事故。
(2) 意外危险事件和各种自然灾害造成的系统内部秩序混乱和运营中断,如火灾事故、

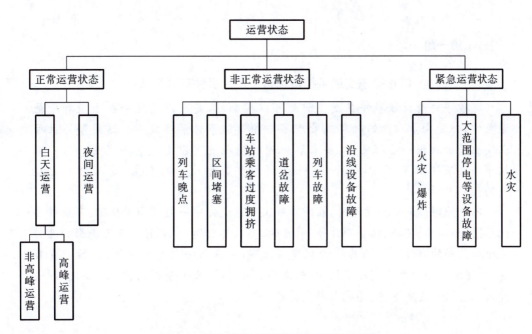

图 1-1　城市轨道交通系统的三种运营状态

水灾事故、爆炸事故、恐怖袭击事件等。

（3）个别站点或中转换乘站突发大客流，在没有得到预警信息的情况下，产生系统流量骤增、售票厅和通道站台拥堵等现象，发生拥挤踩踏事故，如运营行车事故、设施设备事故、客伤事故、火灾事故、因公伤亡事故、道路交通事故、运营严重晚点事件。

影响城市轨道交通系统运营安全和可靠性的事件，根据其发生的原因、特点以及造成的后果和影响，可分为事故与故障两类，而根据事故和故障导致的后果又可分为可控事件和不可控事件。

 想一想

城市轨道交通事故和故障有何区别？

故障是因设备质量原因或操作不当导致设备无法正常使用，须人工干预或维修的事件，根据表现和影响程度可分为轻微故障、一般故障和严重故障。轻微故障可以迅速排除，一般不会影响运营可靠性；一般故障将造成短时间的列车运行秩序混乱，部分列车运行延误；严重故障则会导致较长时间的运营中断，严重影响系统运营可靠性。按照设备类型和原因，故障又可分为列车车辆故障、线路故障、供电系统故障、通信信号系统故障、环控设备故障、车站客运设施故障等。

事故是因设备故障或工作人员操作不当或管理人员指挥不力而造成人员伤亡、设备损坏，影响可靠性或危及运营安全的事件。事故根据其表现、影响程度与范围，可分为一般事故、险性事故、大事故、重大事故等；根据其专业性质，可分为行车事故、客运组织事故、电力传输事故等。

想一想

城市轨道交通可控事件与不可控事件有何区别？

可控事件是指该事件在发生前是可以控制的，是可以通过一些手段和措施避免的，但是由于人为的疏忽或管理不当导致该事件最终发生。这种事件往往在发生前会出现一些征兆，只要采取合理的措施就可以避免它的发生。而不可控事件具有不确定因素，一个点、一条线都可能导致它的发生，是人力不可控制的。

不可控事件又称突发事件，在城市轨道交通运营中一般是指由故障、事故或其他原因（如人为、环境、社会事件等）引起的，突然发生的，严重影响或可能影响运营安全与秩序的事件。根据其影响程度与范围，可分为一般突发事件、险性突发事件、大突发事件和严重突发事件等；根据其形成原因，又可分为运营引发突发事件、外来人员引发突发事件、环境引发突发事件等。

2. 城市轨道交通危险源的识别

城市轨道交通危险源的识别涉及员工的健康与安全、行车安全、设备安全、消防安全、交通安全、乘客及相关方安全、财产损失和列车延误等范畴。

1) 危险源类别

危险源是指可能造成人员伤害、职业病、财产损失、作业环境破坏或这些情况组合的根源或状态。其类别如表1-1所示。

表1-1 危险源的类别

危 险 源	主 要 内 容
物理性危险源	设备、设施缺陷（强度不够、刚度不够、稳定性差、密封不良、外露运动件等）
	防护缺陷（无防护、防护装置和设施有缺陷、防护不当、防护距离不够等）
	电危害（带电部位裸露、漏电、雷电、静电、电火花等）
	噪声危害（机械性噪声、电磁性噪声、流体动力性噪声等）
	振动危害（机械性振动、电磁性振动、流体动力性振动等）
	电磁辐射[电离辐射（X、γ射线，α、β粒子等）、非电离辐射（紫外线、激光）]
	运动物危害（固体抛射物、液体飞溅物、反弹物、气流卷动、冲击地压等）
	明火
	粉尘与气溶胶
	作业环境不良（基础下沉、安全过道缺陷、有害光照、通风不良、缺氧等）
	信号缺陷（无信号设施、信号选用不当、信号不清、信号显示不准等）
	标志缺陷（无标志、标志不清、标志不规范、标志位置缺陷等）
	其他物理性危险源

续表

危 险 源	主 要 内 容
化学性危险源	易燃易爆性物质
	有毒物质(有毒气体、液体、固体、粉尘与气溶胶等)
	腐蚀性物质(腐蚀性气体、液体、固体等)
	其他化学危险源
生物性危险源	致病微生物(细菌、病毒、其他致病微生物等)
	传染病媒介物
	致害动物
	致害植物
	其他生物性危险源
心理、生理性危险源	负荷超限(体力、听力、视力负荷超限等)
	健康状况异常
	从事禁忌作业
	心理异常(情绪异常、冒险心理、过度紧张等)
	辨识功能缺陷(感知延迟、辨识错误、其他辨识功能缺陷等)
	其他心理、生理性危险源
行为性危险源	指挥错误(指挥失误、违章指挥等)
	操作失误(误操作、违章作业等)
	监护失误
	其他错误
	其他行为性危险源
其他危险源	其他危险源

2) 危险源识别范围

危险源识别范围包括城市轨道交通覆盖的工作区域及其他相关范围内的生产经营活动、人员、设施等。根据城市轨道交通管理及其他活动情况,城市轨道交通系统的危险源识别范围可分成以下类别:

①按地点划分:城市轨道交通沿线各车站、车辆段、OCC 大楼、办公楼等。

②按活动划分:常规活动、非常规活动、潜在的紧急情况。各活动所包含的主要内容如表 1-2 所示。

表 1-2 按活动划分的危险源识别范围

活 动 类 型	主 要 内 容
常规活动	运营服务活动:依据运营时刻表组织列车运营、客运服务过程
	设备设施的设计、安装、测试、验收、接管、使用过程
	公共活动:相关部门均有的活动,包含办公、电梯、叉车、消防设施、空调、空压机、抽风机的使用、化学物品的搬运、储存、废弃等

续表

活动类型	主 要 内 容
常规活动	间接活动:为运营服务活动提供支持的活动,主要包括物资仓库管理、检验、物料采购以及物料的使用管理、食堂管理等
非常规活动	设备设施维护保养,消防及行车疏散演习,因公外出,合同方在公司的活动(如工程施工、维修、清洁等)
潜在的紧急情况	行车、火灾、爆炸、化学物品泄漏、中毒、台风、雷击、碰撞等事故事件(潜在的紧急情况的危险源辨识需考虑紧急情况发生时和发生后,进行抢险救援过程中存在的危险)

3) 确定危险源事故类型

在进行危险源识别前,必须先确定危险源事故类型,以防止危险源识别不清晰、不全面。通过借鉴《企业职工伤亡事故分类标准》(GB 6441—86)及分析城市轨道交通运营过程中可能产生的行车事故/事件、列车延误及财产损失等事故类别,制定了危险源事故类型表(见表1-3)。

表1-3 危险源事故类型表

类别编号	事故类别名称	备 注	类别编号	事故类别名称	备 注
01	物体打击	伤害事故	015	噪声聋	职业病
02	车辆伤害(指马路车辆)		016	尘肺	
03	机械伤害		017	视力受损	
04	起重伤害		018	其他职业病	
05	触电		019	健康受损	健康危害
06	淹溺		020	财产损失(2000元及以上)	无伤害事件/事故
07	灼烫		021	列车延误	无伤害的列车延误事件
08	火灾		022	行车事件/事故	含人员伤亡的行车事故/事件
09	高处坠落		023	可能引发行车事件/事故的设备缺陷和行为事件	引发行车事件/事故的危险源
010	坍塌				
011	容器爆炸		024	其他事件/事故	无伤害事件/事故
012	其他爆炸				
013	中毒和窒息				
014	其他伤害				

表 1-3 中,"可能引发行车事件/事故的设备缺陷和行为事件"及"行车事件/事故"这两个事故类型是一种从属的关系,即"可能引发行车事件/事故的设备缺陷和行为事件"事故类型的风险属于"行车事件/事故"事故类型风险的危险源。涉及这种从属关系的事故类型时,可把运营过程中可能发生的重要风险所涉及的危险源划归到相关部门进行控制。

4)划分危险源识别对象

在各部门列出识别范围内的活动或流程所涉及的所有方面后,选用合适的设备分析法、工艺流程分析法或其他划分方法,根据事故类型划分危害事件,并根据以下过程划分危险源识别对象。

①对于车辆设备大修的活动,可按照工艺流程分析法划分危险源识别对象。

②对于设备维护及保养的活动,可结合活动实施过程,按照设备分析法划分危险源识别对象。

③使用设备时可根据具体操作过程进行划分。

④根据采购、存放、检测设备的过程进行划分。

⑤根据行车组织、客运组织过程进行划分。

⑥针对每一危险源辨识对象,参考危险源事故类型表,识别可能存在的事故/事件,并登记在危险源辨识及风险评价登记表(见表 1-4)中的"危害事故/事件"栏及"事故类型"栏内。

表 1-4 危险源辨识及风险评价登记表

序号	部门/地点	活动	设备/设施物料	危害事故/事件	事故类型	危险源	危险源类别	风险评价			风险级别	控制措施	备注
								风险发生的可能性	事故后果严重程度	风险值			

二、城市轨道交通突发事件的基本概念

1. 城市轨道交通突发事件的定义

城市轨道交通突发事件是指城市轨道交通运营管辖范围内突然发生,造成或者可能造成员工人身伤害、设备损失、企业形象受损或乘客财产、健康严重损害的影响正常运营的须立即处理的事件。

2. 城市轨道交通突发事件的分类

城市轨道交通突发事件分为三类:运营生产类、公共安全类、自然灾害类。

1)运营生产类

火灾、爆炸、建构筑物坍塌、列车冲突、脱轨或颠覆等重大生产安全事故,以及大面积停电、突发性大客流等严重影响城市轨道交通运营的突发事件。

运营生产类重大级突发事件包括行车大事故及以上事故;一般级突发事件包括行车险

性及以下事故或严重影响运营的设备设施故障。

2) 公共安全类

重大刑事案件、恐怖袭击以及在城市轨道交通车站内发生聚众闹事、劫持人质等严重影响城市轨道交通运营安全的社会治安类事件,以及传染病疫情、生化、毒气和放射性污染等造成或可能造成社会公众健康而严重影响城市轨道交通运营的公共卫生类事件。

公共安全类重大级突发事件包括在城市轨道交通运营范围内发生爆炸、毒气、恐怖袭击,火势较大需公安消防部门灭火,5人及以上聚众闹事等严重影响城市轨道交通运营的事件;一般级突发事件包括在城市轨道交通运营范围内收到爆炸、毒气、恐怖袭击等恐吓信息,火势较小凭借自身力量可灭火,5人以下聚众闹事等对城市轨道交通运营影响较小的事件。

3) 自然灾害类

地震、水灾等导致城市轨道交通运营中断的突发事件。

自然灾害类重大级突发事件包括发生地震、水灾及气象台发布的黑色气候信号等严重影响城市轨道交通运营的事件;一般级突发事件包括气象台发布的白色、红色、黄色预警信号影响城市轨道交通运营的事件。

表1-5 所示为国内外地铁安全生产事故主要表现形式。

表1-5 国内外地铁安全生产事故主要表现形式

事故类别	事故类别简述	事故表现形式
设备设施类事故	设备设施故障损坏及其影响	设备设施失常、设施主体损坏等
行车类事故	行车过程中的能量外溢影响	列车脱轨、挤岔、列车碰撞等
客运类事故	乘客乘降造成的人身伤害等	车门、屏蔽门夹人夹物、电扶梯伤害等
自然灾害类事故	自然环境外部因素及影响	恶劣天气、高温、特殊环境
其他人为性事故	人为破坏、误操作及其影响	恐怖袭击、自杀、违章操作等

3. 城市轨道交通突发事件的分级

城市轨道交通突发事件按事件的性质、影响范围和程度分为由高到低四个级别:一级(特别严重)、二级(严重)、三级(较严重)和四级(一般)。如果突发事件不能得到有效控制,导致事件性质升级、影响范围扩大,总调度长可根据实际情况进行升级处理。

1) 一级(特别严重)

特别严重突发事件指在列车、车站或车场等运营生产场所发生火灾、爆炸或遭遇毒气袭击等重大治安事件,严重自然灾害,重伤以上的伤亡事件及因车辆、线路、道岔、供电、信号等设备故障影响列车运行30 min以上的事件。

2) 二级(严重)

严重突发事件指在列车、车站或车场等运营生产场所发生火灾、爆炸或遭遇毒气袭击等重大治安事件,自然灾害,重伤以上的伤亡事件及因车辆、线路、道岔、供电、信号等设备故障影响列车运行10 min以上30 min以下的事件。

3) 三级(较严重)

较严重突发事件(故障)指因车辆、线路、道岔、供电、信号等设备故障,影响列车运行3 min以上的事件以及发生影响列车运行、客运设施设备故障或非运营时间发生的重大故障。

4）四级（一般）

一般突发事件（故障）是指运营期间导致列车运行晚点 3 min 以下的突发事件或客运设施设备发生故障。

> **知识链接**
>
> 城市轨道交通突发事件的预警级别
>
> 1. 红色预警：预计将要发生特别严重以上轨道交通运营突发事件，事件会随时发生，事态正在不断蔓延。
> 2. 橙色预警：预计将要发生严重以上轨道交通运营突发事件，事件即将发生，事态正在逐步扩大。
> 3. 黄色预警：预计将要发生较严重以上轨道交通运营突发事件，事件已经临近，事态有扩大的趋势。
> 4. 蓝色预警：预计将要发生一般以上轨道交通运营突发事件，事件即将临近，事态可能会扩大。

三、城市轨道交通突发事件分析

1. 突发事件发生的原因

城市轨道交通系统是一个在时间、空间上分布很广的开放的动态系统，城市轨道交通运营安全影响因素错综复杂，涉及面广。

1976 年，纽约工业学院的 E. J. Cantilli 等人揭示了以管理为边界的人、机、环境之间的关系（见图 1-2）。从系统论的观点出发，影响轨道交通安全的诸多因素可以归结为人、机、环境和管理。事故演化过程如图 1-3 所示。

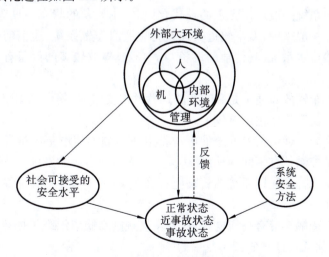

图 1-2 运营安全影响因素及其关系

城市轨道交通重大运营事故及灾害发生的原因主要可以分为人员因素、设备因素、环境因素和管理因素 4 个方面。

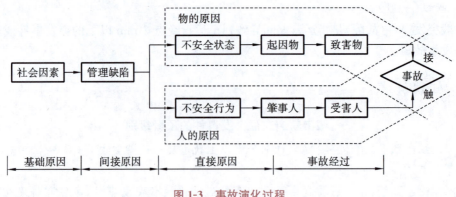

图 1-3 事故演化过程

1) 人员因素

人员因素包括乘客、操作人员、管理人员及其他在场人员所涉及的因素。人员因素是导致城市轨道交通事故的主要原因,一般事故主要是乘客未遵守安全规则造成的,而险性事故多由工作人员职责疏忽引发。

 想一想

城市轨道交通事故的人员因素包括哪些?

（1）乘客因素:不遵守乘车守则,人为故意破坏,无应急技能或应急技能低。
（2）工作人员因素:缺乏安全意识,缺乏对"三品"(危险品、易燃易爆品和毒害品)的识别能力,缺乏处置各类突发事件的能力。

2) 设备因素

城市轨道交通系统一般采用先进的现代化设备,由设备的状态不良等原因造成的事故也是非常多见的。一般来说,城市轨道交通设备主要有车辆系统、通信信号系统、环控通风系统、电气系统、给排水系统、其他辅助设备,其中造成事故较多的设备有车辆系统、通信信号系统和电气系统。

①车辆系统。车辆故障通常是影响线路运营的主要原因,其中以车门故障、主回路故障居多。车门故障率受客流变化影响较大。

②通信信号系统。通信信号系统的电源发生故障或通信设备本身发生故障时,不能保证各种行车信息及控制信息不间断地可靠传输,从而引起事故的发生。

③环控通风系统。在通风系统的管理上存在缺陷,如风亭、风道设置不合理,会妨碍通风系统的正常工作。

④电气系统。接触网带有高压电,一旦发生接触网断线或绝缘子损坏,接触到金属结构物就会使其带电,危及人身安全。

⑤给排水系统。给排水管道的防腐、绝缘效果不佳易发生泄漏;隧道内排水系统不完善,隧道防水设计等级过低,会导致涝灾或地表水侵入。

⑥其他辅助设施。站台上乘客过多产生拥挤,可能会使乘客跌进轨道区,甚至在列车进

站时造成人身伤亡事故;在自动扶梯运行中,可能发生梯级下陷、驱动链断裂、梯级下滑、扶手带断裂等事故,并对乘客造成伤害。

想一想

城市轨道交通事故的设备因素包括哪些?

(1) 电气系统:电气火灾、触电。
(2) 车辆系统:列车失控、轨道损伤或断裂、列车脱轨、列车相撞、列车火灾等。
(3) 通信信号系统:传输失败、运营瘫痪、发生安全事故等。
(4) 环控通风系统:扩大事故后果和影响等。
(5) 给排水系统:污染、职业伤害、雨水倒灌、杂散电流腐蚀给排水管道等。
(6) 其他辅助设施:踩踏、火灾、电扶梯事故等。

3) 环境因素

①自然环境。自然环境因素(如台风、洪涝、地震、雷电等)也是引发城市轨道交通重大运营事故的主要原因之一。尤其是城市轨道交通高架部分以及敞开段部分,往往在运营中受制于自然环境条件,存在轨道周边外界异物侵限的危险。相当一部分的列车脱轨事故、列车相撞事故以及重大运营设备故障,均是由恶劣的自然条件引起的,比如,雷击等自然环境因素也可能造成火灾事故。

②系统内部环境。城市轨道交通地下区间隧道、地下车站设备用房等场所常年阴暗潮湿,易发生虫鼠害等,极易造成关键设施设备的故障。另外,站厅内商业区域的可燃物较多,而且站厅内还有燃气、明火等,增加了发生火灾的可能性。

③社会环境。城市轨道交通车站及列车是人流密集的公众聚集场所,一旦发生纵火、爆炸、毒气袭击等恐怖事件,极易造成群死群伤或重大损失,严重影响社会秩序的稳定。

4) 管理因素

轨道交通运营安全管理是指管理者按照生产的客观规律,对运营系统的人、财、物、信息等资源进行风险控制的一切活动。运营安全的水平取决于人员、设备、环境和管理的本质安全化水平,其中人是系统安全的核心,设备是系统安全的基础,环境是系统安全的外部条件,管理则是在一定技术经济和社会条件下系统安全的关键。

想一想

城市轨道交通事故的管理因素包括哪些?

(1) 遵法守规,建立规章:①执行标准,严格验收;②完善规章;③遵章守纪。
(2) 机构建设及职责确立:①完善专职安全管理机构;②明确职责,持证上岗。
(3) 安全投入:①安全资金投入;②保障劳动防护用品;③保证安全宣传;④参加工伤保险等。

2. 突发事件的特征

通过对历年来国内外城市轨道交通重大运营事故及灾害的分析可知,突发事件的主要特征包括以下方面:

(1) 从发生的次数来看,火灾事故发生比例最高,占到近一半的比例。火灾事故、列车事故、恐怖袭击这三种事故类型是城市轨道交通运营中的主要重大事故,占总事故数的86%,如图1-4所示。

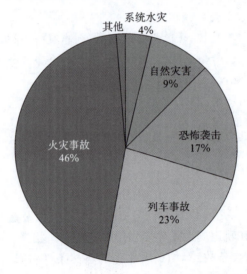

图1-4 不同类型城市轨道交通重大运营事故发生比例

(2) 通过事故致因分析,导致重大人员伤亡及列车中断运营的因素主要来自列车、电气、车站、钢轨等方面。

(3) 影响城市轨道交通安全运营的外部因素主要有乘客携带违禁品、自然灾害、城市其他设施损坏和恐怖袭击。

(4) 从世界范围内发生事故的趋势来看,近年来的火灾发生周期较早期在逐渐缩短,发生频率在大幅度上升。针对城市轨道交通的恐怖袭击事件呈现明显的上升趋势,绝大多数都集中在近10余年中,而未来城市轨道交通还将成为恐怖分子袭击的一大目标。

(5) 从发生的原因来看,事故致因呈现多样化。社会、自然和系统状态等运营管理所难以实施控制的环境因素,设施设备等系统自身因素,人为蓄意破坏行为、乘客不安全行为、工作人员不规范行为等人为因素,都可能引发重大运营事故。

3. 突发事件的灾害性分析

通过历年来国内外城市轨道交通典型事故的危害性分析,可归纳出重大运营事故及灾害的危害性特征如下:

1) 危险度高

从单个事件的人员伤亡程度来看,火灾和人为恐怖袭击的危险度最高。

2) 次生危害大

重大运营事故并不是一个孤立的事故类型,一般容易引发其他次生的事故危害。例如,关键设备发生故障可能导致列车相撞事故;列车脱轨事故、列车相撞事故又可能引发列车火灾以及供电设备和线路轨道的损坏。

3）危害影响范围广

城市轨道交通重大运营事故或灾害的影响往往不局限于发生地点。由于城市轨道交通系统具有相对封闭、网络连通的特点，通常其影响范围会快速扩散。例如，大型的多线换乘车站一旦发生火灾，如果不能及时处置，将可能导致多条线路运营中断，甚至引发整个城市轨道交通网络的瘫痪。

> **知识链接**
>
> **城市轨道交通事故"十防"**
>
> 城市轨道交通事故预防措施主要包括"十防"，其内容如下：
> (1) 防止乘客跳下站台、进入隧道，防止乘客携带"三品"进站乘车；
> (2) 防止未办、错办列车进路；
> (3) 防止列车开门走车、错开车门（屏蔽门）、夹人夹物开车；
> (4) 防止冒进信号；
> (5) 防止车辆制动系统失效、吊挂装置脱落；
> (6) 防止列车发生冲突、脱轨、追尾；
> (7) 防止道岔失控，信号显示错误；
> (8) 防止接触网断电、断线；
> (9) 防止压力容器、特种设备发生爆炸、火灾；
> (10) 防止未经车站登记，进入隧道施工。

任务2　认识城市轨道交通应急设备

任务导入

安全是相对的，没有绝对的安全。城市轨道交通运营安全也是相对的，不存在绝对安全。为了应对可能的突发状况，保护乘客的安全，城市轨道交通运营企业一般在列车和车站内安装有一定的应急设备。当出现突发状况时，乘客可以利用应急设备进行报警或自救。

任务描述

(1) 认识列车应急设备。
(2) 认识车站应急设备。

知识准备

一、列车应急设备

现代城市轨道交通车辆在车厢和车辆驾驶室内都安装有一定的应急设备，主要包括应急疏散门、紧急报警装置、灭火器、紧急开门装置等。

1. 应急疏散门

应急疏散门(见图1-5)安装于驾驶室左部,通过车顶的水平轴垂直向上开启。它手动解锁并通过气簧执行机构执行动作后,可推下专门的接近轨道的紧急梯。应急疏散门装有挡风玻璃、一个雨刮器和清洗器,该雨刮器和清洗器与驾驶室的雨刮器和清洗器一起由司机共同控制。当列车在运营区间发生故障时,司机可以通过前后两端的应急疏散门疏散乘客;通过该门,乘客可以快速、有序地疏导到隧道,进而进行逃生。

所在位置:两端驾驶室各有一扇。

使用方法:①握住红色锁把手柄并向上扳动,向上轻推应急疏散门。②按操作指示牌所示标识移走梯盖。③展开斜梯。

使用时机:发生爆炸、火灾等意外情况,列车在隧道不能运行,需要组织乘客疏散时使用。疏散门由司机打开,或司机广播通知乘客后由乘客打开。

备注:应急疏散门有两级,打开后可从驾驶室铺设到轨道上,形成临时通道。

2. 紧急报警装置

紧急报警装置(见图1-6)安装于列车车厢内。一般情况下,列车每节车厢至少安装两个紧急报警装置,包括报警按钮和紧急对讲器。当车厢内发生乘客冲突、乘客昏厥、火灾等紧急状况时,乘客可以立即使用此装置通知司机,以便司机根据现场情况采取相关措施。

图1-5 应急疏散门

图1-6 紧急报警装置

所在位置:每节车厢有两个,分别在车厢前、后端车门斜上方。

使用方法:①打开盖子。②按压红色按钮,通话指示灯"讲"亮时报警。

使用时机:遇到爆炸、火灾、毒气以及抢劫、行凶等意外事件时。

备注:乘客按压此按钮后,列车司机在监视器上获取报警信号后,可与乘客进行通话。

> **知识链接**
>
> **列车内乘客报警按钮被触发的紧急处理办法**
>
> 当列车停靠在站台还未启动时,若乘客触发了车内报警按钮,站台岗值班人员应按以下程序处理:
>
> (1) 接到车内乘客报警按钮被触发的信息,应立即赶往事发现场并核实报警按钮启动的原因、启动报警按钮的车次或车门,请示值班站长是否需要列车退行。
>
> (2) 使用车内乘客报警按钮扬声器与司机沟通,寻找启动报警按钮的原因,开展乘客救援工作。
>
> (3) 确定情况稳定后,车站员工必须将车内报警按钮复位,离开列车,向司机显示"一切妥当"手信号。
>
> (4) 行车调度员通知列车司机,车站已将车内报警按钮复位。
>
> (5) 站台岗员工在日志中详细记录该次事件发生的时间、原因、被启动的报警按钮的编号及事件处理经过。

 想一想

乘客坐过站了,可以用紧急报警按钮喊司机停车吗?

只有在出现紧急情况或突发事件时,如乘客身体极度不适,需要叫救护车或遇到可能危害人身安全的情况,才允许操作紧急报警按钮。无特别紧急情况禁止使用,如有乘客发现自己坐过站,此种情况不可以使用紧急报警按钮。若乘客错误操作,将会造成列车延误,影响其他乘客出行。

3. 灭火器

城市轨道交通列车是运送乘客的大型封闭载客工具,其一旦发生火灾,后果不堪设想。因此,在每节车车厢内均配备有灭火器(见图1-7)。一般情况下,车厢内配备的灭火器型号为4 kg/6 kg,放置于乘客座位底下或车辆前后两端的专门设备内。当列车发生较小火灾或在火灾初期时,乘客可自行利用灭火器进行灭火,防止较大火情的出现。

所在位置:车厢座位底下(每节车厢有两个4 kg/6 kg干粉灭火器,座椅上方有灭火器标记,并有两个固定灭火器的安全带)。

使用方法:①打开安全带卡扣。②取出灭火器,拉开插销,对着火源灭火。

使用时机:在车上发生火灾时使用。

4. 紧急开门装置

在列车每节车厢的车门上均安装有紧急开门装置(见图1-8),当列车发生故障或其他紧急情况,需要人工开门时可使用该装置。

所在位置:每节车厢内部各车门上方。

使用方法:①打开防护罩。②按照箭头提示方向旋转并扳动红色手柄。③拉开车门。

图1-7 列车灭火器

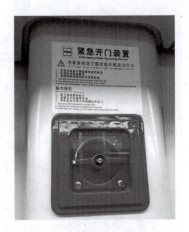

图1-8 紧急开门装置

使用时机:在紧急情况下,当列车已停在车站,并且车门已对准站台位置,需要乘客自行疏散时使用。

备注:此项为机械解锁,在无电情况下仍可使用(当列车在区间紧急停车时严禁使用)。

二、车站应急设备

1. 事故救援应急设备

常见事故救援应急设备如图1-9所示。

呼吸器

逃生面具

应急灯

图1-9 常见事故救援应急设备

1) 呼吸器

用于城市轨道交通的呼吸器有两种:一种是适用于工作人员的空气呼吸器,充装空气后可连续使用1小时左右,可无限次充装,无限次使用;另一种是适用于乘客的火灾逃生呼吸器,当发生紧急情况时,乘客取出座位边放置的逃生呼吸器,打开包装后戴在头上,密封住头面部即可紧急逃生。

车站应定期组织员工进行演练,掌握呼吸器的使用方法;定期进行检查,保证气瓶压力在规定允许的范围内。呼吸器压力不足时应及时向安全保卫科通报,确保发生突发情况时能够正常使用(呼吸器正常使用范围为呼吸器压力表指针读数×2-10 min,当呼吸器压力表指针接近红色区域时,表明呼吸器只能维持10 min的正常呼吸,佩戴人员应立即撤出危险地带)。

2) 逃生面具

车站所有员工必须掌握逃生面具的使用方法。逃生面具的保存期为3年,安全使用时间为15 min,超过期限应立即上报安全保卫科,对其进行更换。车站每个岗位各配置1个逃生面具,随岗配发,随岗交接,各岗主岗人员负责保管并定期检查逃生面具真空包装的完好情况,有不符合标准的及时报安全保卫科。

3) 应急灯

应急灯存放于各岗位,车站要定期检查应急灯的性能,按使用说明书及时进行充电,建立充电登记制度并由专人管理,确保做到随取随用。

4) 其他事故救援应急设备

①担架。每车站1个,统一放置于车站行车值班室,指定专人保管。

②存尸袋。每车站1条,统一放置于车站行车值班室,指定专人保管。

③便携式扶梯。每车站4个,车站行车值班室和行车副室各2个,指定专人保管。

④湿毛巾。每车站150条,当车站发生火灾、生化恐怖袭击时,分发给乘客使用。湿毛巾分别存放于两个售票室和行车值班室,各50条。

⑤抢险锤。每车站1只,统一放置于车站行车值班室,指定专人保管。

⑥防汛铁锹。统一放置于车站仓库,指定专人保管。

⑦挡水板。统一放置于车站仓库,指定专人保管。

⑧草垫子。统一放置于车站仓库,指定专人保管。

⑨编织袋。统一放置于车站仓库,指定专人保管。

车站应急抢险器材应由专人保管,不得随意挪作他用。当出现故障、损坏或数量不足时,应立即上报有关部门,如人为因素导致器材出现故障、损坏或数量不足,必须由肇事者照价赔偿。

2. 车站机电设备应急装置

车站机电设备应急装置主要有火灾紧急报警器、自动扶梯紧停装置、站台紧急停车按钮、屏蔽门紧急开关等。其安装位置和数量根据不同的城市轨道交通系统建设的要求而有所不同,但各类应急设备的启用时机相同,即必须在发生危及列车行车安全或危及人身安全的紧急情况下使用。

1) 手动报警按钮(火灾紧急报警器)

作用:供发生火灾时报警。

位置:车站站厅、站台消防栓和灭火器旁边的墙壁上。

外观:手掌大小,红色、四方形,上有"FIRE"字样,如图1-10所示。

使用方法:按破防护罩即可报警。

2) 自动扶梯紧急停止按钮(自动扶梯紧停装置)

车站范围内所有自动扶梯两端均设有紧急停止按钮。当发生紧急情况(如乘客乘坐扶梯摔倒受伤,物品卡在梯级里,自动扶梯发出异常声响及异常震动),影响乘客安全时,可按压此按钮(见图1-11),使自动扶梯停止运行。

乘坐自动扶梯时经常会接触到一些运动的和静止的部件,它们之间的相对运动容易使乘客受到伤害。在自动扶梯的上下两站出入口处的下部,均设有红色的紧急停止按钮(一般标有"停止"字样),如果乘客在自动扶梯上摔倒或发生头部、手指、鞋跟、物品被夹住等各种

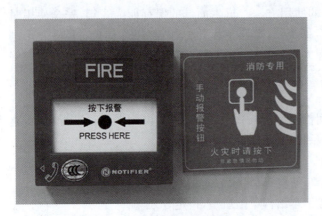 

图 1-10　火灾紧急报警器　　　　　图 1-11　自动扶梯紧停装置

危险情况时,应大声呼叫处于自动扶梯出口、入口处的电梯值班人员或乘客,立即按下紧急停止按钮来停止自动扶梯的运行,以免造成更大的伤害。其他乘客不要惊慌和拥挤,保持右侧站立,让出左侧通道,使救援人员迅速接近受伤人员。正常情况下请勿按动此按钮,以防自动扶梯突然停止运行,使其他乘客因惯性而摔倒。

作用:自动扶梯上发生紧急情况需停止电梯运行时,可手动停止扶梯运行,避免发生更大的意外。

位置:自动扶梯上下两端右侧各一个。

外观:硬币大小的红色按钮,旁边有"紧急停止按钮"标志。

使用方法:按压红色按钮即可使自动扶梯紧急停止运行。

3）站台紧急停车按钮

作用:当车门、屏蔽门夹人夹物,有人或大件物品掉落轨道时使用。

位置:站台墙壁上,靠近列车车头、车尾两侧。

外观:红色按钮,安装在红色的四方小盒子内。盒子是锁着的,上方有"紧急停车按钮"的字样标志,如图 1-12 所示。

图 1-12　站台紧急停车按钮

使用方法:击碎中间玻璃按压按钮即可,该设备涉及行车安全,非紧急情况下严禁使用,否则按章处罚。

> **知识链接**
>
> **车站必须按压紧急停车按钮的情况**
>
> (1) 乘客跳下站台,进入轨道区间时;
> (2) 物品掉下站台,影响列车运行时;
> (3) 设备及物品侵入限界,阻挡列车正常进出车站时;
> (4) 屏蔽门或车门夹人时;
> (5) 屏蔽门或车门夹物影响行车时;
> (6) 其他可能危及行车安全的突发性事件发生时。

> **知识链接**
>
> **站台紧急停车按钮被触发应急处理办法**
>
> 当站台发生紧急情况,列车需紧急停车时,车站工作人员应按以下程序处理:
> (1) 站台岗员工或乘客按下站台上的紧急停车按钮。
> (2) 对应的紧急停车按钮指示灯点亮,车站控制室和站台监察亭IBP盘上对应站台的指示灯点亮,车站ATS工作站和控制中心(OCC)调度员工作站对应区域显示紧急停车,显示报警信号。
> (3) 车站值班员扳动车站控制室IBP盘上的紧急停车开关至"急停"位置。
> (4) 站台岗员工赶往事发地点,采取适当的措施处理该事件,并保持站台、车站控制室、OCC联系畅通,必要时请求协助。
> (5) 在确定紧急情况处理完毕后,站台岗员工用钥匙复位被激活的紧急停车按钮,并通知车站值班员,处理完毕后给司机显示"一切妥当"手信号。
> (6) 车站值班员扳动车站控制室IBP盘上对应的紧急停车开关至"复位"位置。
> (7) 车站值班员复位ATS工作站上的事件,使ATC系统复位,并记录该次事件的时间、紧急停车按钮启动的原因及事件处理经过。

4) 屏蔽门解锁手柄(屏蔽门紧急开关)

所在位置:每组屏蔽门内侧中部。

使用方法:①按照箭头指示方向拉开绿色解锁手柄。②拉开屏蔽门。

使用时机:在紧急情况下,当列车已停在车站并且车门已对准站台位置,需要乘客自行疏散时使用。

备注:此项为机械解锁,在无电情况下仍可使用。

任务 3　突发事件应急处理与救援

任务导入

在日常工作中会遇到各种突发事件,城市轨道交通企业各岗位员工应按照企业突发事件应急预案的要求快速反应、合理处置,以便最大限度地减轻事件危害,保障企业正常生产运营和人民生命财产安全。为此,必须掌握城市轨道交通突发事件应急处理、信息通报、救援等基础知识。

任务描述

(1) 讨论城市轨道交通突发事件应急处理的流程和应急救援预案。
(2) 学习突发事件的定义、分类及特征。
(3) 讨论为何要坚持应急处理的原则。

知识准备

一、城市轨道交通突发事件应急处理

1. 突发事件应急处理原则

处理突发事件应遵循"预防为主、以人为本、反应迅速、先通后复"的原则。

1) 预防为主

建立健全综合信息支持体系,准确预测预警,采取防范措施,防止突发事件发生。对已经发生的事件,尽可能避免扩大影响或后果恶化。

2) 以人为本

抢险工作应坚持"先救人,后救物;先全面,后局部"的原则,优先组织人员疏散、伤员抢救,同时兼顾设备和环境保护,将损失降低到最低限度。

3) 反应迅速

建立"高度集中、统一指挥、逐级负责"的应急指挥体系,做到"早发现、早报告、早控制"。

4) 先通后复

发生突发事件后,在确保安全的前提下,尽快恢复正常运营。

2. 突发事件应急救援指挥机构

城市轨道交通企业应急救援指挥机构应按照属地为主、分工协作、应急处置与日常建设相结合的原则建立,在应急处置过程中实现统一指挥、分级负责、科学决策,保证事故灾难信息的及时准确传递、快速有效处置,同时要做到常备不懈,降低运行成本。

目前应急组织指挥机构的设置主要有以下几类:

①层级型。由城市轨道交通运营企业主要负责人担任总指挥,组建公司、部门两级应急系统。公司级包括企业主要负责人、分管安全生产的负责人及安全、保卫、调度、设备、信息管理、对外联络、卫生、物资保障、环保等各部门的负责人员;建立二级部门应急机构,并延伸

至基层班组。

②联动型。由城市轨道交通运营企业主要负责人担任总指挥，将运营中发生的所有行车、设备、消防、治安等安全信息报城市轨道交通控制中心，城市轨道交通控制中心组成联动中心，统一指挥相关部门处置各类安全减灾及应急工作。

③专职型。城市轨道交通运营企业建立应急救援指挥专门机构和专业应急救援队伍，内设信息管理、应急管理（抢险、指挥）、重大危险源管理三个职能部门，负责城市轨道交通安全生产信息的接收、汇总、上报、发布，重大事故隐患应急预案的编制与管理，应急预案的培训及演练，救援物资管理，抢险指挥，重大危险源建档管理，专家库管理，查处谎报、瞒报事故等工作，使应急救援工作贯穿于安全生产事故的事前预防、事中应急、事后管理中，形成突发事件应急救援工作的一条较为完整的工作链和工作体制、机制。

《国家处置城市地铁事故灾难应急预案》中规定，城市地铁企业应建立由企业主要负责人、分管安全生产的负责人、有关部门参加的地铁事故灾难应急机构（见图1-13）。城市轨道交通企业可根据自身的发展规模、线路长度、员工素质等情况建立适合自身企业的应急救援指挥机构。

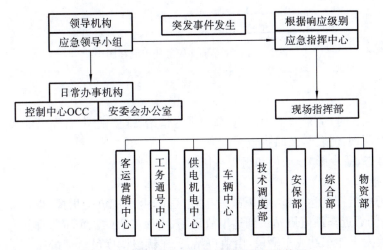

图 1-13　突发事件应急救援指挥体系结构图

3. 突发事件应急处置流程

突发事件应急处置流程如图1-14所示。

1) 应急响应

（1）发生Ⅰ级、Ⅱ级突发事件时：

a. 城市轨道交通运营企业应及时向市应急指挥中心报告。

b. 市应急指挥中心启动相应的应急预案。

c. 各专业指挥组工作人员接到命令后，迅速赶赴现场进行处置。

（2）发生Ⅲ级、Ⅳ级突发事件时：

a. 以城市轨道交通运营企业为主进行处置。

b. 应及时启动该企业制定的专项应急预案。

c. 视情况拨打"110""119""120"等特服电话报告突发事件信息，主动协同救援，同时向市应急指挥中心报告。

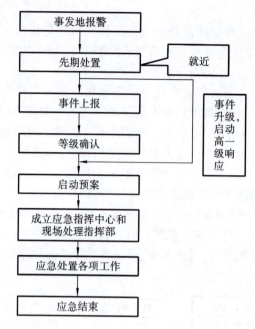

图1-14 突发事件应急处置流程图

2) 抢险组织

(1) 组织原则：

a. 现场有乘客时，应采取各种措施，稳定乘客情绪、维持秩序，首先保证乘客安全。

b. 及时判明现场情况，及时报告。

c. 控制事态，减少影响，动员和组织一切力量进行抢险。

(2) 领导指挥：

a. 在现场总指挥到达之前，若事故发生在区间，由司机负责指挥；根据需要，行车调度员安排事故区间邻近车站值班站长到达事故现场，由该值班站长负责指挥。

b. 若事故发生在车站或车辆段，由值班站长、车辆段调度员负责指挥。

c. 现场总指挥到达现场后由现场总指挥接管，并组织开展工作。

(3) 控制中心的责任：

a. 控制中心主任根据现场情况启动相应预案。

b. 加强与现场指挥的联系，负责信息的收集和传递。

c. 通知相关部门派出抢险队，同时通知公安局城市轨道交通分局派出人员赶赴现场。

d. 协调相关部门按照需要增派抢险人员、调集抢险物资。

e. 掌握全公司生产动态，努力保证其他工作的正常进行。

3) 现场处置工作

(1) 现场指挥小组总指挥到达事故现场后，应了解现场情况，迅速查看事故现场，确定影响范围，根据预案的规定，开展抢险救援工作。

(2) 如发生的事件在预案外，由现场总指挥根据现场情况制定并组织实施抢险救援方案。

(3) 抢险救援工作结束后，及时汇报并将指挥权上交控制中心。

(4) 现场作业规定：

a. 抢险救援方案确定前，各部门抢险队到达现场后要在指定位置待命，抢险队负责人尽快掌握现场,并领受任务。

b. 公安人员、车站员工负责维护现场秩序,组织无关人员离开事故现场。

c. 抢险救援方案的实施由专业抢险队伍负责,救援组织由抢险队负责人负责,其他人不得向正在进行救援的人员下达命令。

d. 抢险救援实施方案的变更,须经抢险领导小组批准。

二、城市轨道交通突发事件的信息通报

城市轨道交通车站及运营线路上发生突发事件后的信息通报工作,是降低各类损失、减少事故影响、缩短救援时间的重要环节,城市轨道交通企业员工必须对此高度重视。

1. 突发事件信息通报的原则

突发事件信息通报应遵循迅速、准确、完整的原则,任何员工发现或接到突发事件信息,均应立即执行相应的通报流程,不得延误、中断或缺漏。具体原则如下:

(1) 迅速准确、简单明了、逐级上报的原则。

(2) 公司内部及协作单位并举的原则。

(3) 控制中心负责信息的收集和传递。突发事件在区间发生时,由司机立即报告行车调度员;在车站或基地发生时,由车站值班站长或信号楼调度员立即报告行车调度员。

(4) 发生人员伤亡、火灾、爆炸、毒气袭击等事故,需要报告消防部门、急救中心或城市轨道交通公安分局时,由现场负责人或目击者在第一时间直接报告;如果无法直接报告,则应遵循尽快报告的原则,向就近的车站或控制中心(信号楼调度员)或上级报告,再报告消防部门、急救中心或城市轨道交通公安分局。

2. 突发事件信息通报的内容

突发事件信息通报事项如下:

(1) 报告人姓名、职务和单位(部门、车间、室)。

(2) 事件发生类别、时间(时、分)、地点(站、厂、区间、线别、百米标、股道、车次号、车厢号、楼名、楼层、房号等)。

(3) 事件发生概况、原因(若能做出初步判断)及影响运营的程度。

(4) 人员伤亡情况、设施设备损坏情况。

(5) 已采取的措施。

(6) 任何需要的援助(包括救援、救护、支援等)。

(7) 其他必须说明的内容及要求。

知识链接

运管中心报告模板

1. 电话报告

×总(经理),运管中心×××报告(于××时间,在××地点,发生××事件,事件大致影响范围及先期采取的措施)。报告完毕,请指示。

2. 短信报告

①首报:××时××分在××车站或××次列车发生故障的经过、影响范围,已通知××部门处理。

②续报:××时××分××车站或××次列车故障,经××部门处理完毕,设备恢复正常使用或列车恢复正常运行。

3. 突发事件信息通报的流程

突发事件信息通报流程如图 1-15 所示。

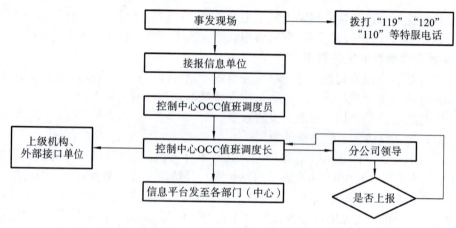

图 1-15 突发事件信息通报流程图

三、城市轨道交通应急救援预案

1. 应急救援预案的基本概念

1) 应急救援预案的定义

应急救援预案是应急救援准备工作的核心内容。应急救援预案又称应急计划,是针对可能发生的重大事故(件)或灾害,为保证迅速、有序、有效地开展应急救援行动、降低事故损失而预先制订的有关计划或方案。它是在辨识和评估潜在的重大危险、事故类型、事故发生的可能性及发生过程、事故后果及影响程度的基础上,对应急机构、人员、技术、装备、设施(备)、行动方案以及救援行动的指挥与协调等方面预先做出的具体安排。它明确了在突发事件发生之前、发生过程中以及结束之后,谁负责做什么、何时做以及相应的策略和资源准备等。

> **知识链接**
>
> **应急救援预案的作用**
>
> 应急救援预案在应急管理中的重要作用和地位主要体现在以下方面:
> (1) 明确应急救援的范围和体系,使应急准备和应急管理,尤其是培训和演习工作的开展有据可依、有章可循。
> (2) 有利于及时做出应急响应,降低事故危害程度。
> (3) 成为各类突发事故的应急基础。
> (4) 当发生超过应急能力的重大事故时,便于与上级应急部门协调。
> (5) 有利于提高各级人员的风险防范意识。

2)应急救援预案的分类

针对不同的突发事件,应急救援预案可以分为三种:故障应急预案、事故应急预案、突发事件应急预案,如图 1-16 所示。

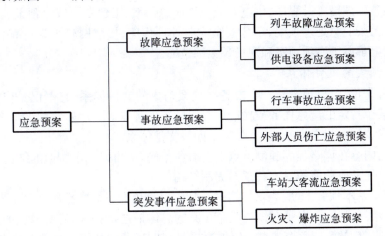

图 1-16　应急救援预案的分类

2. 应急预案的层次和文件体系

1)应急预案的层次

城市轨道交通系统中可能发生的突发事件是多种多样的,对应急预案合理地划分层次,是将各种类型的应急预案有机结合在一起的有效方法。

城市轨道交通系统应急救援体系的总目标是控制事态发展,保障群众生命财产安全,恢复正常运营。为了保证各种类型预案之间的整体协调和层次清晰,实现共性与个性、通用性与专业性的结合,宜采用分层次的综合应急预案。应急预案可划分为三个层次,即综合预案、专项预案和现场预案,其结构如图 1-17 所示。

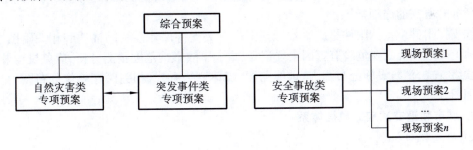

图 1-17　应急预案的基本结构

①综合预案,即企业的总体预案,侧重于应急救援活动的组织协调,从总体上阐述事故的应急方针、政策,明确相关职责、行动等,是应对各类突发事件的综合性文件。

②专项预案是针对不同类别的突发事件、危险源而制定的计划或方案。它在综合预案的基础上,充分考虑某特定危险的特点,对应急的形势、组织机构等进行了更具体的阐述,常作为综合预案的附件。

③现场预案是针对运营过程中特定的具体场所、装置或重要防护区域等发生的具体事故所制定的方案,如列车脱轨、挤岔,车站及线路设备故障,车站火灾等。现场预案具体、简单、针对性强。

城市轨道交通运营突发事件应急预案一般有：特殊气象及自然灾害应急预案、防淹门故障应急处理程序、控制中心应急处理程序、疫情暴发应急预案、应急信息报告程序、处置大面积停电事件应急预案、安全保卫应急预案、地铁消防应急预案、机电设备（电梯、给排水、事故照明装置）应急处理措施及程序、供电专业抢修应急预案、工建专业应急预案、车辆专业应急处理办法、水污染应急处理预案、车务安全应急处理程序、接触网（轨）附近有异物的应急处理程序等，以上都属于专项预案和现场预案的范畴。

2) 应急预案的文件体系

从广义上来说，应急预案是一个由各级预案构成的文件体系，它不仅是应急预案本身，也包括针对某个特定的应急任务或功能所制定的工作程序等。一个完整的应急预案文件体系应包括预案、程序、指导书和记录，是一个四级文件体系。

各预案的内容在详略程度和侧重点上会有所不同，但可以采用相似的结构。

基于应急任务或功能的"1+4"预案编制结构：

应急预案＝基本预案＋（应急功能附件＋特殊风险预案＋标准操作程序＋支持附件）

①基本预案。基本预案是对该项应急预案的总体描述，主要阐述要解决的紧急情况、应急组织体系、应急方针、应急资源、应急的总体思路；明确各应急组织在应急准备和应急活动中的职责以及应急预案的演习和管理等规定。

②应急功能附件。应急功能附件是针对在各类重大事故应急救援中要采取的一系列基本应急行动和任务而编制的计划，包括指挥、控制、警报、通信、人群疏散、人群安置、医疗等；明确每一应急功能针对的形势、目标、负责机构、支持机构、任务要求、应急准备和操作程序等。

③特殊风险预案。特殊风险预案是针对每一种可能发生的重大风险事故，明确其相应的主要责任部门，有关支持部门及其相应的职责，为该类专项预案的制定提出的特殊要求和指导意见。

④标准操作程序。标准操作程序规定在应急预案中没有给出的每一任务的实施细节，各个应急部门必须制定相应的标准操作程序，为组织或个人提供履行应急预案中规定的职责和任务时所需的详细指导。

⑤支持附件。支持附件是应急救援预案中有关支持保障系统的描述和相关附图表，如城市轨道交通系统主要危险有害因素登记表、重大事故影响范围预测分析、应急机构及人员通信联络方式、消防设施分布图、疏散线路图、媒体联络方式、相关医疗单位分布图、交通管制范围图等。

3. 城市轨道交通应急救援体系

1) 应急救援机制

应急救援活动一般划分为应急准备、初级反应、扩大反应和应急恢复4个阶段。应急救援机制与这些应急救援活动密切相关。应急救援机制主要由统一指挥、分级响应、属地为主和公众动员4个基本机制组成。

①统一指挥。统一指挥是应急活动的最基本原则。应急指挥一般可分为集中指挥与现场指挥或场外指挥与场内指挥等几种形式，但无论采用哪一种指挥系统，都必须实行统一指挥模式。无论应急救援活动涉及单位的行政级别高低和隶属关系如何，都必须在救援指挥中心的统一组织协调下开展相关工作，使各参与单位既能充分发挥自己的作用，又能相互配合，提高整体效能。

②分级响应。分级响应是指在初级响应到扩大应急的过程中实行分级响应的机制。扩

大或提高应急响应级别的主要依据是：事故灾难的危险程度、事故灾难的影响范围、事故灾难的控制事态能力。而事故灾难的控制事态能力是"升级"的最基本条件，扩大应急救援主要包括提高指挥级别、扩大应急范围等。

③属地为主。属地为主是强调"第一反应"的思想和以现场应急、现场指挥为主的原则，即强化属地部门在应急救援体制管理工作中的主导作用，以提高应急救援的时效性。

知识链接

应急机制的属地为主原则

突发事件发生时，在上一级应急处理负责人到达现场前，员工按表1-6的规定担任现场临时应急处理负责人；在上一级应急处理负责人到达现场后，则由上一级应急处理负责人担任现场指挥。

表1-6 各场所现场临时应急处理负责人

序 号	发生场所	现场临时负责人
1	列车上（列车在区间）	列车司机
2	列车上（列车在车站）	所在站值班站长
3	车站	所在站值班站长
4	区间线路上	行车调度员指定的值班站长
5	车场	车场调度
6	其他场所	现场职务最高的员工

④公众动员。公众动员机制是应急机制的基础，也是最薄弱、最难以控制的环节，即现场应急机构组织、调动所能动用的资源进行应急救援工作，当事故超出本单位的处置能力时，向本单位外的其他社会力量寻求支援的一种方式。

2）应急救援的准备工作

编制应急救援预案是应急救援基础工作的核心。围绕应急预案，应开展建立应急救援组织体系、配备救援设备器材、组织救援培训与演习等工作。

①应急救援指挥机构。应急救援指挥机构由企业和有关职能部门的负责人组成，应明确事故（故障、突发事件）发生时应急救援的总指挥和现场指挥。下设负责日常工作的办公室和执行各项救援任务的小组，各级人员应职责分明；还应包括外援单位，配备负责内外协调和公共关系的人员。

②配备救援设备器材。确保救援设备器材处于技术良好状态，是成功进行救援必须具备的物质基础。平时应有专人负责救援设备器材的保管、养护和维修。

③组织救援培训与演习。直接执行救援任务的人员必须定期参加演习，使有关人员对救援知识和救援技术、应急预案内容做到应知应会。演习方式：模拟演习、现场演习、单项演习、综合演习。通过救援演习，能进一步检验应急预案的可行性，发现应急预案存在的问题，进一步完善应急预案。

3）应急救援的基本任务

突发事件应急救援的总目标是通过有效的应急救援行动，尽可能降低事故的损失和后果，包括人员伤亡、财产损失和影响等。地下空间狭小，车站内、列车上人员众多，设备设施

有限,这给抢险救援工作带来了更大的难度。应急救援的基本任务主要包括:

①立即组织疏散车内、站内乘客,抢救伤员。应急救援中确保乘客安全、快速、有序、有效地疏散乘客,安全转送伤员,是降低伤亡率、减少事故损失的关键。由于突发事件发生突然、扩散迅速,应及时指导和组织乘客采取各种措施进行自身防护,快速、有序地离开车站、车内,在疏散过程中,应积极组织乘客开展自救和互救工作。

②采取有效措施,迅速控制事态,并对现场进行监控。在进行乘客疏散的同时,要安排专人采取有效措施,对现场事态进行控制,防止事态扩大,造成更大的损失,在无法控制时,要及时向有关部门报告。

③救援结束后,做好现场恢复,准备运营。突发事件处理完毕后,本着"尽快恢复运营"的原则,做好现场的清理,特别是对涉及运营线上物品的清理,防止物品侵入限界,各岗位人员做好运营前的准备。

④查清事故原因,总结救援经验。发生突发事件后要及时调查事故发生的原因和事故的性质,评估危险程度,做好事故原因调查,并总结救援工作中的经验和教训。

应急救援系统的运作程序如图 1-18 所示。

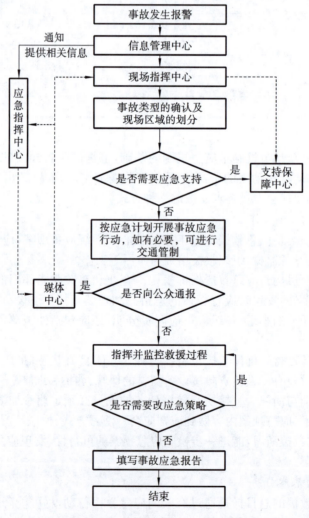

图 1-18　应急救援系统的运作程序

实训任务　城市轨道交通应急设备认知及使用

【任务目标】

（1）了解应急设备的类型、位置及作用；
（2）掌握列车应急设备的使用方法和使用时机；
（3）培养遵章守纪、团结协作的意识，树立安全第一的指导思想。
（4）通过对城市轨道交通应急设备的操作，熟悉各种应急设备的使用方法和使用时机。

【任务实施】

1. 任务准备

（1）人员组织：2人。
（2）设备准备：模拟站台实训室（如应急疏散门、紧急报警装置、灭火器、紧急开门装置、火灾紧急报警器、自动扶梯紧停装置、紧急停车按钮、屏蔽门紧急开关等）。
（3）安全用具：绝缘靴、绝缘手套、安全帽。
（4）材料准备：记录笔、记录本。

2. 操作程序

（1）找到列车上的4种应急设备，明确其使用时机。
（2）操作应急疏散门、紧急报警装置、灭火器、紧急开门装置。
（3）找到车站的4种机电设备应急装置，明确其使用时机。
（4）操作火灾紧急报警器、自动扶梯紧停装置、紧急停车按钮、屏蔽门紧急开关。

3. 注意事项

（1）应急设备操作过程中，严格按照操作顺序进行。
（2）操作过程中，站务员如有疑问，应及时告知值班站长。

4. 实际操作

（1）人员组织：2人。
（2）考核时间：20分钟。

【任务评价】

实训任务　城市轨道交通应急设备认知及使用		
考核内容	分值	考核得分
1. 城市轨道交通应急设备认知及使用情况	40	
2. 演练方案的完成情况（汇报效果）	20	
3. 演练过程考核（团队分工、角色设置、处理程序）	30	
4. 课堂表现及职业素养	10	

总体评价				
教师评价（40%）	小组自评（30%）	小组互评（30%）	学生姓名	
			分数	

思考与练习

1. 简答题

（1）城市轨道交通突发事件分为哪三类和哪四级？

（2）城市轨道交通应急设备有哪些类型？试列举其中三种，说明使用方法。

（3）城市轨道交通突发事件应急处理原则是怎样的？

（4）试述突发事件信息通报的内容和流程。

（5）试说明突发事件应急预案的层次与分类。

2. 判断题

（1）城市轨道交通行业发生安全事故时，工作人员应以抢救和救治乘客作为首要任务。（　　）

（2）应急管理是对重大事故的全过程管理，贯穿于事故发生前、中、后的各个过程，充分体现了"预防为主、常备不懈"的应急思想。（　　）

（3）发布突发公共事件预警信息时，Ⅱ级（严重）一般用红色表示。（　　）

（4）突发公共事件的信息发布应当实事求是、及时准确。（　　）

（5）逃生面具的保存期为3年，安全使用时间为15 min。（　　）

3. 选择题

（1）（　　）是城市轨道交通安全管理的基本方针。

A. 生命至上，安全第一　　　　　　B. 安全第一，综合治理

C. 综合治理，生命第一　　　　　　D. 安全第一，预防为主

（2）运输安全的水平，取决于人员、设备、环境和管理的本质安全化水平，其中（　　）是系统安全的核心。

A. 设备　　　　B. 环境　　　　C. 人员　　　　D. 管理

（3）部门内处理突发事件、事故、故障时必须执行（　　）的原则，参与应急处理的各岗位员工都应紧急行动，迅速开展工作。

A. 就近处理　　　　　　　　　　　B. 少数服从多数

C. 高度集中、统一指挥　　　　　　D. 服从部门领导

（4）预警信号按照灾害的严重性和紧急程度，分为Ⅳ、Ⅲ、Ⅱ、Ⅰ四级，颜色依次为（　　）。

A. 黄色、蓝色、红色和橙色　　　　B. 红色、橙色、蓝色和黄色

C. 黄色、蓝色、橙色和红色　　　　D. 蓝色、黄色、橙色和红色

（5）下列不属于车站配备的突发事件抢险器材的是（　　）。

A、呼吸器　　　　B. 逃生面具　　　　C. 便携式扶梯　　　　D. 应急疏散门

4. 实训演练

在模拟站台实训室,通过对城市轨道交通应急设备的操作,熟悉各种应急设备的使用方法和使用时机。

5. 交流与讨论

考察一地铁公司的应急设备,你对列车与车站应急设备是否有好的建议?与同学们一起交流和分享。

项目 2
车站突发事件应急处理

项目描述

城市轨道交通客运组织是通过合理布置客运有关设备、设施以及对客流采取有效的分流或引导措施来组织客流运送的过程。客运组织是客运服务工作的关键环节，是为乘客提供安全、快速、便捷、舒适服务的重要保障。然而，在实际工作中，由于环境、设备、人员等因素的影响，客运组织工作往往具有诸多不确定性，进而影响客运服务水平与质量。通过本项目的学习，学生应了解客运组织过程中存在的几种典型的突发性情况，以及如何做好应急处理。

技能目标

(1) 掌握屏蔽门故障应急处理方法；
(2) 掌握车站公共安全事件的应急处理方法；
(3) 掌握车站大客流的应对措施与应急处理程序；
(4) 掌握大面积停电的应对措施与应急处理程序；
(5) 掌握火灾的应对措施与应急处理程序。

素质目标

(1) 树立安全意识和流程意识；
(2) 强化岗位责任意识，培养团队协作能力；
(3) 提升应急处理过程中的心理素质。

案例导入

2011年7月5日上午9时36分，北京地铁4号线动物园站A口上行电扶梯发生设备溜梯故障，造成1名12岁少年身亡、3人重伤、27人轻伤。市质监局表示，经初步调查，造成事故的直接原因是"固定零件损坏，扶梯驱动主机发生位移，导致驱动链条脱落，扶梯下滑"。之后，4号线恢复正常运营，但所有事故品牌电梯全部停运。

北京地铁4号线共设24座车站，有300多部电扶梯。发生事故的电梯由奥的斯(OTIS)公司生产，事故发生时，该电梯仍处于质保期内，6月22日，还由生产厂家进行了例行检查及维护保养。事故发生后，在4号线运行的10部同品牌电梯已全部停止使用。奥的斯方面也派调查组赶赴现场。

任务1　屏蔽门系统故障应急处理

任务导入

城市轨道交通屏蔽门系统是随着城市轨道交通的不断发展而产生的。除了保障列车、乘客进出站时的绝对安全之外,车站站台安装屏蔽门还可以大幅度地减少司机瞭望次数,减轻司机的思想负担,并且能有效地减少空气对流造成的站台冷热气的流失,降低列车运行产生的噪声对车站的影响,提供舒适的候车环境,具有节能、安全、环保、美观等功能。但是这仅限于屏蔽门系统正常运转时,一旦系统出了故障,便会出现多种安全隐患。

任务描述

(1) 学习屏蔽门系统故障应急处理办法;
(2) 模拟车站站台发生屏蔽门系统故障时的应急处理流程。

知识准备

一、屏蔽门系统故障的安全隐患

屏蔽门系统故障主要会带来下列安全风险。
(1) 屏蔽门突然开关,导致乘客跌落站台。
(2) 屏蔽门玻璃脱落,玻璃碎渣砸伤乘客或者掉入轨道影响行车安全。
(3) 屏蔽门倒塌,导致乘客跌落站台。
(4) 屏蔽门漏电,导致乘客触电。
(5) 屏蔽门门槛突起,导致乘客上下车时被绊倒。
(6) 应急门无法打开,紧急情况下导致疏散受阻。
(7) 滑动门无法打开,影响乘客上下车,导致列车晚点。
(8) 端头门被列车进入站台时产生的气压推倒,使得乘客和站务员掉下路轨,造成伤亡。
(9) 屏蔽门振荡,导致列车与屏蔽门碰撞,造成乘客及员工受伤或死亡。
(10) 屏蔽门燃烧冒烟,导致站台失火,引起人员伤亡。
(11) 乘客被屏蔽门和车门夹住或撞击,正常情况下影响乘客上下车,延误列车运行;紧急情况下延误疏散。
(12) 屏蔽门在无列车进入站台时开启,导致乘客或员工跌入轨道。

二、屏蔽门系统故障处理原则和方法

(1) 发生屏蔽门故障时,应坚持"在确保安全的前提下,先发车后处理"的原则。当无法隔离(旁路)时,应先发车再处理。

(2) 与信号系统联锁后，在 RM、SM、ATO 模式下屏蔽门均可实现与车门同步开关；在反方向运行及 URM 模式下，必须使用 PSL 开关屏蔽门。

(3) 故障屏蔽门断电不能代替隔离(旁路)，要保持屏蔽门开启状态必须断电，要保证故障屏蔽门不影响行车必须隔离(旁路)。

(4) 因屏蔽门故障影响列车接发时，首列车接发不需使用互锁解除，后续列车(自第二列起)使用互锁解除接发车。

(5) 操作尾端 PSL 仅在钥匙断在头端墙 PSL 锁孔时使用。

(6) 对不能关闭的单个或多个滑动门，必须设置安全防护栏或安排专人看护。专人看护时，原则上每个人可监护五档相邻屏蔽门。

(7) 整侧屏蔽门不能开关时，车站安排不少于三人到现场支援。

(8) 当一节车厢对应屏蔽门全部不能正常开启时，需至少手动打开一档滑动门，并将其隔离(旁路)和断电，引导乘客上下车。

(9) 故障屏蔽门修复后，由行车调度员负责组织，车站和司机配合，利用下一列车进行一次相应侧的屏蔽门开关门试验。

(10) 在无列车停靠站台需要人工手动打开单个或多个屏蔽门时，车站必须征得行车调度员同意，先将屏蔽门隔离(旁路)和关闭电源，并密切注意 PDP 屏显示列车到站时间。当显示"列车即将到达"信息时必须停止操作。

(11) 车站屏蔽门备用钥匙要求统一放在监控亭，站台岗站务员(或站台保安)(以下简称站台岗)负责保管。

(12) 对已开启的屏蔽门进行断电前，须征得行车调度员同意，并按压紧急停车按钮防护。

(13) 就地操作 PSL 的技术要求：

①开门时，要在"门关闭"位停顿 1 s，再打到"门打开"位，并在"门打开"位保持 5 s，确保屏蔽门全部打开；

②关门时，要在"门关闭"位保持 5 s，确保门全部关闭，屏蔽门 PSL "ASD/EED 门关闭"绿灯亮后，才可将钥匙回到禁止位，拔出钥匙。

三、屏蔽门常见故障处理程序

1. 屏蔽门玻璃破碎应急处理

1) 站台岗

(1) 发现玻璃破碎时，及时报告车控室，如果是滑动门/应急门则应将该门隔离(旁路)、断电。

(2) 如玻璃未掉下来，将其左右相邻两档滑动门隔离(旁路)、断电后处于常开状态[端门破碎时将临近的滑动门隔离(旁路)后处于常开状态]。

(3) 使用封箱胶纸将破碎的玻璃粘贴住，并设置隔离带和张贴告示牌。

(4) 加强对相关屏蔽门的监督防护，提醒乘客注意安全。

2) 行车值班员

(1) 接报后，通知值班站长到现场处理。

(2) 做好乘客安全广播。

(3) 通报行车调度员、维修调度员和维修承包商。

3) 值班站长

(1) 接报后组织员工处理,并赶赴现场。

(2) 如玻璃掉下来则组织清扫。当玻璃掉到轨道影响行车安全时,应向行车调度员报请进入轨行区清理。

2. 使用 PSL 的专用锁钥匙断在锁孔中的处理

1) 司机

(1) 如钥匙断在"门关闭"位,上下客完毕且屏蔽门已关闭,将连接 PSL 的 LITTON 接头从 PSL 上卸除,关车门动车后报行车调度员。

(2) 如钥匙断在"禁止"/"门关闭"位,乘客尚未上下车或断在"门打开"位时,立即将情况报车控室,要求派站台岗到尾端 PSL 操作屏蔽门。同时,将连接 PSL 的 LITTON 接头从 PSL 上卸除。待站台岗关闭屏蔽门后,关闭车门动车,并将情况报告行车调度员。

2) 行车值班员

(1) 接报后,通知站台岗到尾端墙协助开关屏蔽门。

(2) 通报行车调度员、维修承包商和维修调度员。

3) 站台岗

(1) 当列车乘客未曾下车时,通过尾端 PSL 开启屏蔽门。

(2) 确认乘客上下车完毕后,操作 PSL 关闭屏蔽门。

(3) 后续列车到站对标停稳后,通过尾端 PSL 开启屏蔽门。乘客上下车完毕(或列车开门约 20 s)后,操作 PSL 关闭屏蔽门。

4) 行车调度员

通知运行前方站交一新钥匙给司机。

5) 运行前方站值班站长

与司机交接新钥匙。

3. 列车到站后整侧滑动门不能同步开/关

1) 司机

(1) 操作 PSL 开/关屏蔽门。

(2) 将情况报告行车调度员。

2) 行车调度员

(1) 通报维修及监控调度员。

(2) 后续列车仍出现不能同步开关时,通知车站报维修承包商。

4. 列车到站后,一个或数个滑动门不能正常打开

1) 司机

(1) 视情况适当延长停站时间,并报告行车调度员。

(2) 乘客上下车完毕后,关门动车。

2) 站台岗

(1) 将情况报车控室。

(2) 引导乘客从正常的门上下车。

(3) 在故障门上粘贴故障告示。

3) 行车值班员

(1) 多档门故障时报告值班站长和行车调度员。

(2) 做好站台乘客广播,引导乘客从正常门上车。

(3) 通报维修承包商和维修调度员。

4) 值班站长

(1) 当多档门不能打开时,组织人员现场引导乘客从正常的门上下车。

(2) 当一节车厢对应的屏蔽门全部不能正常开启时,需至少手动打开一档滑动门,并将其隔离(旁路)和断电,引导乘客上下车。

5) 行车调度员

多档门故障时,通知线上后续列车司机做好乘客广播。

6) 后续列车司机

多档门故障时,做好乘客广播,引导乘客从正常门下车。

5. 列车发车前,一个或数个滑动门不能正常关闭

1) 站台岗

(1) 单个门故障时,将故障门隔离(旁路),向司机显示"好了"信号,待发车后手动将该门关闭,并张贴故障告示。无法隔离时,先显示"好了"信号,发车后再处理。

(2) 两档门不能关闭时,将就近一档隔离(旁路)后,手动将其关闭。到另一档故障门确认无夹人夹物后,向司机显示"好了"信号,待发车后将其隔离(旁路)和手动关闭,并张贴故障告示。

(3) 两档以上的门故障时,立即报告车控室,对开启的滑动门设置安全防护。开启的滑动门做好安全防护(或人工看护)后,向司机显示"好了"信号。待列车出发后将故障门隔离(旁路)和手动关闭,并张贴故障告示。

(4) 对手动不能关闭的滑动门,加设安全防护栏,并加强监督防护。

2) 行车值班员

(1) 通报行车调度员、维修承包商和维修调度员。

(2) 后续列车加强车站站台乘客广播,引导乘客从正常门上车。

3) 值班站长

(1) 多档滑动门故障时,组织人员协助设置安全防护栏或人工看护(人工看护时原则上每个人可监护五档相邻屏蔽门)。

(2) 组织人员对开启的滑动门加强监督防护。

4) 司机

(1) 报告行车调度员。

(2) 凭站台岗"好了"信号动车。

6. 列车到站后,整侧滑动门不能打开(使用 PSL 仍不能开启)

1) 司机

(1) 使用 PSL(头端墙)重新开门一次,如无效立即报车控室。

(2) 广播引导乘客自行手动开启屏蔽门上下车,同时报行车调度员。

(3) 凭站台岗"好了"信号,关闭车门动车(列车能收到速度码时,以 SM 模式限速30 km/h 驶离车站)。

2) 行车值班员

(1) 通知站台岗手动打开滑动门。

(2) 通报值班站长、行车调度员、维修承包商和维修调度员。

(3) 做好乘客广播。

3) 站台岗

(1) 按每节车厢不少于一档门的要求,手动打开滑动门,并将其断电。引导乘客从已开启的屏蔽门上下车。乘客上下车完毕,开启的滑动门做好安全防护(或人工看护)后,向司机显示"好了"信号。

(2) 做好安全防护,对开启的滑动门采取隔离(旁路)。后续列车到站后组织乘客从已开启的屏蔽门上下车,乘客上下车完毕后,向司机显示"好了"信号。

4) 值班站长及车站其他员工

(1) 按每节车厢不少于一档门的要求,手动打开滑动门,并将其断电。

(2) 引导乘客从开启门上下车。

(3) 对开启的滑动门加强监督防护,并采取隔离措施。

5) 行车调度员

通知线上后续列车司机做好乘客广播,适当延长停站时间。

6) 后续列车司机

(1) 做好乘客广播,通知乘客从已开启的屏蔽门下车,适当延长停站时间。

(2) 列车能收到速度码时,以 SM 模式限速 30 km/h 驶离车站。

7. 列车发车时,整侧滑动门不能正常关闭(操作 PSL 仍不能关)

1) 司机

(1) 立即报车控室,报告行车调度员。

(2) 凭站台岗"好了"信号以 RM 模式动车离站。

2) 站台岗

立即报车控室,并采取以下措施:

(1) 对开启的滑动门设置安全防护。

(2) 开启的滑动门做好安全防护(或人工看护)后(人工看护时原则上每个人可监护五档相邻屏蔽门),向司机显示"好了"信号。

(3) 后续列车待乘客上下车完毕并做好安全防护后,向司机显示"好了"信号。

3) 行车值班员

(1) 通报值班站长、行车调度员、维修承包商和维修调度员。

(2) 加强车站站台乘客安全广播。

4) 值班站长

接报后,组织人员加强对开启滑动门的监督防护(人工看护时原则上每个人可监护五档相邻屏蔽门)。

5) 行车调度员

故障未消除前,向后续列车司机通报故障情况。

6）后续列车司机

（1）列车自动停车后，以 RM 模式驾驶列车进站，对标停车。

（2）凭站台岗"好了"信号以 RM 模式动车离站。

8. 使用互锁解除接发列车

1）行车值班员

（1）在后续列车因屏蔽门故障影响行车时[如故障门未隔离（旁路）或 MCP 盘"关门"绿灯不亮]，安排站台岗在头端墙操作互锁解除接发车（整侧滑动门均不能正常关闭时除外）。

（2）通知列车运行方向的后方邻站后续列车到该站后向本站报点。

（3）接到后方站报点后，通知站台岗操作互锁解除接车。

2）站台岗

（1）接到行车值班员的通知后，到头端墙 PSL 处，使用钥匙操作互锁解除接车。

（2）列车到达停妥后，将钥匙打到"门打开"位，打开屏蔽门。

（3）乘客上下车完毕后，将钥匙打到"门关闭"位，关闭屏蔽门，再使用钥匙操作互锁解除发车。

（4）待列车尾部离开轨道电路 S 棒后，松开钥匙开关。

3）值班站长

（1）当有滑动门/应急门异常开启时，设置安全防护栏或安排人工看护（人工看护时原则上每个人可监护五档相邻屏蔽门）。

（2）乘客上下车完毕后，向司机显示"好了"信号。

四、屏蔽门/列车车门夹人夹物应急处理程序

1. 屏蔽门/列车车门夹人夹物处理原则及方法

（1）站台岗应站在站台两端的楼扶梯口值岗，在车门和屏蔽门关闭之际，应尽可能确认是否有夹人夹物；发现夹人夹物应及时向司机显示停车信号，并按压停车按钮。

（2）行车值班员在列车到站期间应加强监控，观察站台岗是否有异常，需要时，可按压 MCP 面板上的急停按钮。

（3）司机在关门期间应重点监控是否有抢上乘客，如有，不要急于动车，应重点观察站台岗是否显示紧急停车手信号。

（4）列车车门夹人夹物动车后应及时汇报清楚，并由司机统一处理，车站不得开启屏蔽门或应急门来处理车门夹人夹物。司机动车后接到夹人夹物处理命令后，应先进行客室广播，再迅速前往现场处理。

（5）车站站台工作人员应熟记车站楼扶梯口对应的列车车厢号码和车门编号，便于及时、准确地汇报。

（6）车站人员及时通知相关专业人员恢复站台紧急停车按钮盖板。

2. 屏蔽门/列车车门夹人夹物处理程序

1）列车未动车时的处理程序

（1）站台岗。

①发现列车车门/屏蔽门夹人夹物且没有自动弹开释放，立即就近按动紧急停车按钮。

②在赶赴现场查看的同时将情况报告车控室。

③向司机显示停车手信号,示意司机重新打开车门/屏蔽门。
④将人或物撤出后,向车控室报告,并向司机显示"好了"信号。
⑤值班站长到场后,协助调查处理。
(2) 行车值班员。
①发现异常或接到报告后,通知值班站长前往处理,并向行车调度员汇报。
②利用CCTV观察现场情况。
③需要时,通知公安或城市轨道交通执法人员到场协调处理。
④接到人或物撤出通知后,取消紧急停车,并汇报行车调度员。
(3) 值班站长。
①赶赴现场处理,调查事件原因。
②如发生客伤事故,按"客伤处理程序"办理。
③若由乘客抢上抢下造成事故时,寻找目击证人,并记录详细资料。
④事件处理完毕后,将有关情况通报行车调度员,同时对乘客进行教育。若有蛮不讲理的乘客,则通知公安或城市轨道交通执法人员到场协调处理。
(4) 司机。
①如接到报告或观察到夹人夹物,应重新打开车门和屏蔽门,待人和物撤离后,再关闭屏蔽门和车门。
②当司机发现而站台岗未发现夹人夹物处所时,司机应通知车控室。
③凭站台岗"好了"信号,关闭车门和屏蔽门,确认车门、屏蔽门无夹人夹物及屏蔽门和车门之间空隙无滞留人或物。
④凭行车调度员指令动车。
(5) 行车调度员。
①接到报告后,了解现场情况,必要时,指示有关人员按章处理,监控事件处理经过和结果,提醒相关人员,避免夹人夹物开车。
②接到事件处理完毕的报告后,指示司机动车。
2) 列车已动车时的处理程序
(1) 站台岗。
①发现列车车门/屏蔽门夹人夹物,列车已启动,立即就近按下紧急停车按钮。
②立即将情况报告车控室,如列车尚未出站且所在位置在站台有效范围内,应前往夹人夹物现场了解情况和处理。
③如列车未停车,应立即报车控室。
(2) 行车值班员。
①发现异常或接到报告后,立即向行车调度员汇报,并通知值班站长到现场进行处理。如列车未停止运行,应立即向行车调度员汇报;不能立即与行车调度员通话时,应通知前方站扣停列车进行处理。
②利用CCTV观察现场情况。需要时,通知公安或运管办到场协调处理。
③接到行车调度员通知后,取消紧急停车,恢复正常运作。
(3) 值班站长。
①赶到现场,协助司机进行处理。

②调查事件原因,并检查是否对车站设备造成影响,将有关情况通报行车调度员。

(4) 行车调度员。

①接到报告后,通知司机前往现场处理。

②通知前方站安排人员,到指定车厢了解情况并采取相应的处理措施。

③接司机夹人夹物事件处理完毕的报告后,通知车站取消紧急停车,指示司机动车。

④如对设备造成影响,还应通知相关部门前往处理,并指示后续列车运行。

(5) 司机。

①列车产生不明原因紧急制动后,汇报行车调度员(如运行中获知夹人或夹物信息应立即停车)。

②接到行车调度员(乘客报警)有关夹人夹物处理指示后确认具体位置,做好乘客安抚广播。

③携带手持台前往现场,采用单个车门紧急解锁方式进行处理(解锁前要确保附近乘客的安全),严禁按压司机室门控按钮开门。

④处理完毕,恢复车门,汇报行车调度员,凭行车调度员指令动车。

3) 汇报标准用语

(1) 站台岗汇报车控室时的标准用语。

①站台岗在车门夹人或夹物时的汇报用语为:"车控室,上行(下行)列车×号车厢×号车门夹人(夹物)。"

②站台岗在屏蔽门夹人或夹物时的汇报用语为:"车控室,×站台第×档屏蔽门夹人(夹物)。"

(2) 行车值班员汇报行车调度员时的标准用语。

①行车值班员在车门夹人或夹物时的汇报的汇报用语为:"行车调度员,×站台上行(下行)站台(出站)列车×号车厢×号车门夹人(夹物)。"

②行车值班员在屏蔽门夹人夹物时用语为:"行车调度员,×站台第×档屏蔽门夹人(夹物)。"

(3) 司机处理完毕汇报行车调度员的标准用语。

司机:"行车调度员,×次列车夹人(夹物)处理完毕,有(无)乘客受伤。"

行车调度员:"×次列车夹人(夹物)处理完毕,有(无)乘客受伤","×次列车司机可以动车"。

任务2　车站大面积停电应急处理

任务导入

2013年6月5日晚,上海市中心突然发生大面积停电事故,造成地铁2号线部分区段停运,乘客一度受困。停电期间车站内设备全线停电,车站启动应急照明,有序疏散乘客。经过一个多小时的抢修,供电恢复,地铁逐步恢复正常运营。

想一想,地铁停电对乘客会造成哪些影响?采取哪些措施可以降低这些影响?

> **任务描述**

（1）假定车站大面积停电，按照信息汇报流程正确、及时地汇报信息。

（2）假定车站大面积停电，按照停电处置流程分岗位模拟演练，做好行车、客运组织工作，正确组织乘客疏散，救助被困乘客。

> **知识准备**

一、基本概念

1. 车站供电系统

城市轨道交通供电系统一般包括外部电源、主变电所（或电源开闭所）、牵引供电系统、动力照明供电系统、电力监控系统。其中，牵引供电系统包括牵引变电所和牵引网，动力照明供电系统包括降压变电所和动力照明配电系统。

城市轨道交通系统是一个重要的用电负荷，按规定应为一级负荷，即应由两路电源供电，当任何一路电源发生故障中断供电时，另一路能保证城市轨道交通重要负荷的全部用电需要。具体而言，城市轨道交通供电系统中的牵引用电负荷为一级负荷，而动力照明等用电负荷根据实际情况可分为一级、二级或三级负荷。

一级负荷：通信系统、信号系统、牵引供电系统、电力监控系统、防灾报警系统、机电设备监控系统、屏蔽门、防淹门、消防泵、废水泵、雨水泵、事故风机及其风阀、排烟风机及其风阀、站厅和站台照明、事故照明。

二级负荷：非事故风机及其风阀、排污泵、自动扶梯、设备区照明和管理区照明、自动售检票、楼梯升降机、民用通信电源、冷冻机组控制器电源、维修电源。

三级负荷：冷水机组、冷冻水泵、冷却水泵、冷却塔风机、广告照明、电开水器、清扫电源。

2. 车站大面积停电

车站大面积停电指的是单个及以上正线车站所有一、二级负荷停电。车站大面积停电可能造成停电车站退出服务，影响乘客正常出行，对城市地面交通带来极大压力；在人员疏散过程中产生瞬间大客流，容易引起乘客恐慌，可能造成踩踏、挤压等乘客伤害事件；另外，供电中断可能造成通信、信号、机电等系统不能正常使用，从而引发二次故障或灾害。停电发生后，可能发生的问题如下：

（1）城市轨道交通列车停在隧道中间。

（2）乘客受伤事件。

（3）排水不畅造成水淹钢轨、隧道。

（4）给水影响：消防用水不足，生活用水不能保证。

（5）人员被困在电梯等升降机中。

（6）突发火灾、治安事件。

（7）通信中断。

（8）乘客投诉事件。

（9）其他事件。

3. 车站安全疏散标识

每个城市轨道交通车站都有本车站的应急疏散线路图,当发生突发情况时,工作人员会引导乘客按照指示标志,沿着疏散通道快速出站。但是发生停电事故时,乘客不容易找到疏散通道,城市轨道交通运营企业为了应对这种情况,在车站配置了自发光向导标志牌,如图 2-1 所示。这些标志牌密集地覆盖了城市轨道交通车站内所有障碍物、台阶及侧墙边沿,当车站发生停电等事故时,乘客可以按照疏散标志的引导顺利出站。

二、处置原则

(1)贯彻"先通后复"的原则,要积极采取各种措施,控制事态发展,迅速抢救,尽快恢复运营,尽量减少人员伤亡和财产损失。

(2)若因城市轨道交通供电设备故障造成大面积停电,应立即组织供电抢修,尽快恢复供电。若因外部故障造成大面积停电,应与电力调度员联系,确认故障影响的程度、范围、时间、有无继发性风险等,根据具体情形调整运行方式,最大限度恢复供电。

图 2-1　自发光疏散标志
（向导标示牌）

(3)工作人员要确保通信畅通,若通信中断,应设法与外界取得联系,并做好自救工作。

三、岗位职责分工

1. 应急指挥中心

OCC 为运营突发事件应急指挥中心,是处置运营突发事件的最高指挥机构,统一领导、指挥应急处置工作。应急指挥中心总指挥由运营企业分管领导以上人员担任。

主要职责:

(1)负责信息的收集、传达、汇报工作。

(2)负责应急响应的启动和结束工作。

(3)负责应急救援工作的协调。

(4)在应急领导小组的领导下,负责应急响应期间的应急指挥工作。

(5)负责对接轨道交通公安指挥中心,及时传达有关信息,开展应急联动处置工作。

(6)按照相关规定,及时联系公安、消防、公交、医疗等社会救援力量参与城市轨道交通应急救援,有效统筹管理运营分公司内部及社会的应急资源。

2. 现场处置指挥部

现场处置指挥部由现场指挥和专业救援队的负责人组成,是应急指挥中心的派出机构。

现场指挥:车站发生大面积停电时,前期处置的现场指挥由事发站(OCC 指定站)值班站长承担,随着后续相关人员到达现场,现场指挥原则上交由到达现场职位最高的领导担任,职位相同的,由供电专业负责人担任,必要时,由应急指挥中心指定现场指挥。

主要职责:

(1)加强与应急指挥中心的联系,及时反馈救援现场情况。

(2)负责救援现场的指挥协调工作。

四、信息汇报

1. 信息汇报内容

1) 故障车站向 OCC 报告内容

(1) 呈报人的姓名、工号、职位及联系电话号码(两个及以上手机号码)。

(2) 事件发生的时间(日期、时、分)。

(3) 事件发生地点及当时车站、列车上的乘客估计量。

(4) 事件概况:现象及发展态势、对运营影响程度、人员伤亡情况、设备损坏情况及影响范围。

(5) 事件的起因或故障症状。

(6) 现场情况,已采取的行动和请求支援事项。

2) OCC 信息报告内容

(1) 故障发生时间(日期、时、分)。

(2) 停电区域(线路、车站、区域等),影响的列车车次、车号等。

(3) 故障的起因。

(4) 现场情况,已采取的行动和请求支援事项。

2. 汇报流程

车站发生大面积停电后,发现人应及时将现场情况及影响程度向 OCC 报告;OCC 报分公司分管领导,并向各部门通报事故(事件)信息,及时报 119、120、轨道交通公安,根据现场处置情况及时做好信息续报工作,如图 2-2 所示。

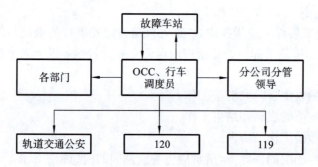

图 2-2 信息汇报流程图

五、应急处理程序

发生车站大面积停电事故后,OCC 或车站立即按信息汇报流程进行报告;各部门组织抢修人员到现场做好抢修救援准备;OCC 加强与现场的沟通,迅速确定运营调整方案,通知车站做好人员疏散的准备工作;OCC 发布疏散命令,车站立即打开闸机放行乘客,通知后续列车不停站通过停电车站。当停电时间超过 10 min 且预计 30 min 内不能恢复正常供电时,OCC 通知车站组织关站;各车站严格按照 OCC 命令,配合做好行车、客运组织工作;相关车站按照 OCC 命令迅速组织人员疏散,疏散结束后,相关车站派人确认人员全部出清,报 OCC;OCC 根据公交接驳条件启动《公交接驳应急预案》,并对该预案的具体实施进行监督、协调,及时有效地疏散拥堵线路车站乘客。车站大面积停电应急处置流程如图 2-3 所示。

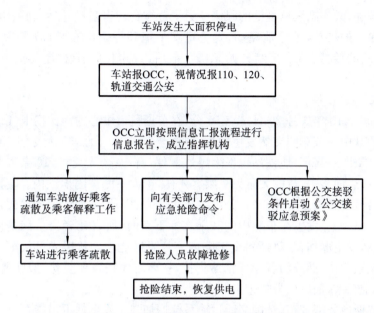

图 2-3　车站大面积停电应急处置流程图

车站具体处置如下：车站工作人员应判明现场情况，检查紧急照明和导向标志是否能正常启用，在值班站长的指挥下，根据 OCC 指令执行线路停运、乘客疏散、救援和车站关站等相关工作；当发生乘客受伤或其他紧急情况时，车站工作人员根据实际情况报 120 或轨道交通公安、110、119，协助实施现场紧急救援；当发现电梯内有人员被困时，启动《电梯困人现场处置方案》，对被困人员进行救助；需要人工准备进路时，按人工准备进路操作流程执行；确认车站所有闸机处于开启状态，疏散完毕即可临时关闭出入口；疏散列车上的乘客时，确认屏蔽门处于开启状态。

任务 3　车站公共安全事件应急处理

任务导入

1. 案例一

2012 年 7 月 19 日 21 时，北京地铁 10 号线呼家楼站，一男子持刀劫持女安检员，在经过 70 多分钟谈判无效的情况下，特警队员一枪将嫌疑人击毙。

上述劫持事件发生在呼家楼地铁站 B 出口，事发地铁口晚间客流少，被劫持的女子为该站安检员。据该站一位工作人员描述，当时被劫持的女子正在协调乘客进行安检，随后便被劫持。该工作人员称，被劫持女子未受伤。呼家楼地铁站现有 4 个站口，根据规定，每个站口有 4 名工作人员从事安检工作，站口之间实行轮岗制。事发时，B 站口有 2 名女性、2 名男性。距离事发现场 5 米处即为地铁警务室。与其他站口相比，B 站口规模明显较小。案件发生后，地铁公司出台新规定，B 站口将不再安排女性轮岗。

通过视频可以看到，劫持地点在地铁站内部的通道处。嫌犯外穿黑色西装，内搭白色衬衣,身材中等偏胖,戴一副黑色镜框的眼镜。男子背靠自动售票机,左臂勒人质脖子,右手拿一把长约15厘米的匕首,不停地晃动,先是将女子拖到售票机右侧,后又往左移了大约5米。经过长时间的僵持,男子情绪开始急躁。最后,一声枪响伴随着人质一声尖叫,嫌犯倒地。

2. 案例二

莫斯科时间2010年3月29日7点56分,在莫斯科市中心的卢比扬卡(Lubyanka)地铁站,一辆列车的其中一节车厢突然发生爆炸,导致至少38人死亡,65人受伤。而就在此后不久,文化公园(Park Kulturi)地铁站也发生爆炸事件,有10余人死亡,10余人受伤。地铁站接连遭到自杀式恐怖袭击,造成大量无辜乘客死伤,千人一度被困地铁内。莫斯科当局初步调查显示,两名袭击者均是女性,来自分离主义活跃的北高加索地区。两次爆炸威力相当于6公斤TNT炸药,加上发生在车厢中间和乘客上下车时,所有死者身上满是创伤。繁忙时间的地铁站突然发生爆炸,令莫斯科全市陷入一片恐慌之中。救援人员从车站内抬出一具具尸体,现场气氛悲伤,部分伤者家属情绪失控,一名青年扬言要复仇,威胁要杀人泄愤,更当场殴打一名中东人,最后被警察带走。

此后,俄罗斯内务部宣布,全国交通运输系统均加强了安全保卫措施。

任务描述

(1) 学习车站公共安全事件应急处理办法;
(2) 模拟车站发生公共安全事件时的应急处理流程。

知识准备

城市轨道交通所具有的方便、快捷、平稳的优势是举世公认的,但其也有不可避免的弱势。由于城市轨道交通是一个复杂的系统工程,处于地下封闭的空间,加之城市轨道交通车站和电客车多为人流密集的公众聚集场所,通风和疏散都受到极大的限制,一旦发生恐怖袭击等公共安全事件,将会对城市轨道交通系统带来严重影响,甚至是毁灭性的打击。因此,轨道交通运营企业和各地政府部门必须做好应急处理预案并进行充分的演练,以确保轨道交通安全运营。

一、车站公共安全事件的类型

公共安全事件是指突然发生,造成或者可能造成重大人员伤亡、财产损失、生态环境破坏和严重社会危害,危及公共安全的紧急事件。

常见的车站公共安全事件有:车站发现可疑物品;车站、列车发生抢劫、斗殴等严重治安或刑事案件;炸弹、不明气体、物品恐吓(袭击)事件。

二、车站公共安全事件的特点

1. 发生的突然性

导致公共安全危机的突发事件涉及自然、社会、经济、环境等诸多因素,而且演变迅速。在事前有效的时限内,人们仅可以感知或预测到部分非对称信息,不可能完整了解到全部因素及其内在关联和相互作用。因此,危机总是不期而至、突然发生。

2. 现实的危害性

公共安全事件一旦形成,实际上已经对社会构成了现实危害。例如,2014年5月4日,纽约开往曼哈顿方向的F线地铁列车在皇后区发生脱轨事故,当场造成19人受伤;2014年5月21日,台北地铁板南线江子翠站发生砍人事件,共造成4人死亡,20余人受伤。这些案例都给当地人民群众的生命财产安全造成了重大损失。

3. 危害的扩散性

在信息化高度发达的社会环境下,车站公共安全事件发生后,会随着其在社会上的信息传播以及连锁反应,从两个方面扩散其现实危害:一个是区域扩散,由事件发生地向其他地区辐射蔓延;另一个是形式扩散,由最初的单一灾害、事故或破坏事件衍生出新的危害形式,如车站危险物危机可能衍生出对城市轨道交通系统的信任危机,高度密集人群可能演变成大规模的群死群伤事件等,这被称为复杂系统的"涟漪效应"。

三、车站发现可疑物品的应急处理

城市轨道交通人流拥挤,部分乘客携带过多行李,乘车时很容易遗失在车站中。遗失物大多是手机、银行卡、手拎包、钱包等贵重物品,此外,还有部分物品难以分清种类,甚至可能有危险物品。因此,为提高城市轨道交通服务质量,保护乘客和自身安全,站务人员应当提高警惕,掌握处理此类物品的一般方法。

1. 可疑物品判定方法

一般将下列物品视为可疑物品:
（1）无人认领的且无法从表面确认具体品名的物品;
（2）呈块状、粉末状、膏状的不明性质物品;
（3）有刺激性气味、特殊异味、泄漏出气体的物品;
（4）与钟表、定时器、手机等电子设备有导线连接的不明物品;
（5）其他不确定的物品。

2. 可疑物品简要辨别方法

（1）观察到有危险标识（如有三品标识）或通过常识判断有危险的。
（2）通过听觉,发现有异常响声的（如计时器响声）。
（3）通过嗅觉,发现有异常气味的（如刺激性气味）。

3. 发现乘客携带（可能为）危险品的处理方法

（1）在车站上发现可疑物品的处理方法。

①报告。现场人员立即报告车控室、行车值班员、车站值班站长、轨道交通公安、OCC。

②隔离。现场人员隔离相关区域,疏散围观乘客,车站值班站长组织人员寻找其他可疑物品。

③疏散准备。做好乘客疏散和员工撤离车站的准备,派人引导警察到现场处理,视情况执行车站疏散程序。

④移交警察处理。车站值班站长向现场警察汇报有关情况,协助其工作。

⑤清理现场。待警察处理完毕后,协助调查和清理现场,尽快恢复正常运营。

（2）在列车上发现可疑物品的处理方法。

①疏散。值班站长接报后组织人员疏散列车和该站台的乘客,封锁列车停靠的站台。

②客流控制。采取车站客流控制措施,用广播做好乘客安抚工作。

③疏散准备。做好乘客疏散和员工撤离车站的准备,引导警察到现场处理,视情况执行车站疏散程序。

④移交警察处理。值班站长向现场警察汇报有关情况,协助其工作。

⑤清理现场。待警察处理完毕后,协助调查和清理现场,尽快恢复正常运营。

4. 发现可疑物品的应急处理流程

发现可疑物品的应急处理流程如表 2-1 所示。

表 2-1 发现可疑物品的应急处理流程

程 序	行车值班员	值 班 站 长	客运值班员	站 务 员	
				票务	站台
信息接报	(1) 接发现人员报告后,报值班站长				
前期处理	(3) 做好失物广播	(2) 启动应急方案,立即到现场了解情况	(3) 到现场协助值班站长处理相关事宜		
现场处理	(5) 根据值班站长命令报OCC、驻站民警,并通过CCTV监视现场情况	(4) 当判断为可疑物品时,安排行车值班员做好信息汇报,隔离可疑物品,做好安全防护,疏散围观乘客。视情况,封闭局部车站,做好乘客引导	(5) 协助值班站长,使用警戒绳设置隔离区,疏散围观乘客		
	(7) 做好与OCC、车站各岗位、民警之间的信息传递工作,及时将民警处理情况向OCC报告	(6) 驻站民警到达后,与驻站民警做好交接工作,配合做好车站安全防护	(7) 配合做好车站安全防护		
	(9) 根据值班站长命令向OCC申请关站,接到OCC同意关站命令后报值班站长	(8) 根据民警关站要求,通知行车值班员向OCC申请关站	(9) 做好关站准备		
	(11) 播放关站广播	(10) 根据OCC关站命令,通知各岗位关站	(11) 执行关站秩序		
应急终止	(13) 向OCC汇报应急解除	(12) 接民警应急解除后,通知各岗位终止应急方案,做好开站准备	(13) 清理现场,撤除防护		
	(15) 向OCC申请开站	(14) 开站准备工作完成后,通知行车值班员值班			
		(16) 根据OCC开站命令,开放出入口,恢复运营	(17) 开启车站各出入口		

四、炸弹、不明气体和物体恐吓(袭击)事件应急处理

城市轨道交通车站内时常会发现无主物品,一般为乘客大意遗留或有意丢弃的,但也有可能是犯罪分子有意放置的危险物品。对车站、列车范围内的不明物品,城市轨道交通工作人员应持续保持敏感性,严格按照可疑物品处理预案的要求执行,不可麻痹大意;如果延误处理时机,就可能对乘客造成人身、财产伤害。下面简要介绍某城市轨道交通运营公司对炸弹、不明气体和物体恐吓(袭击)事件的应急处理办法。

当城市轨道交通员工接到电话、书面或电子邮件等各种形式的恐吓信息时,应按照应急预案开展工作。具体应急处理办法如下:

(1) 接获恐吓信息后,城市轨道交通员工应立即向其上级领导报告。控制中心(OCC)应立即向公安部门报告该恐吓事件,并通知受影响车站的值班站长、行车线上的列车司机及各级紧急救援抢险部门。

(2) 由公安部门确定恐吓信息的真实性,在车站进行不公开或公开的搜索行动。

①不公开搜索,无须疏散乘客,由城市轨道交通员工与公安人员联合进行。

②若公安部门已掌握相关信息,或确实已发现可疑物品,则须在车站进行公开搜索。搜索前需要局部或完全疏散乘客,并由公安人员单独进行搜索行动。车站员工停留在安全的范围内,为搜索人员提供协助。

(3) 车站接到恐吓信息后,不公开搜索程序。

①值班站长安排停止所有清洁工作,依次搜索所有公众范围及所有非公众范围,及时将最新进展通报值班主任。

②公安人员前往有关车站,参与搜索行动,与值班站长保持密切联系,了解搜索工作的最新进展。

③若发现可疑物品或有毒气体,值班站长应立即封锁现场,决定局部或完全疏散乘客,并立即通知值班主任。进行疏散前,必须先搜索所有疏散线路,确保疏散乘客的安全。员工发现可疑物品后,应立即向上级报告该物品的形态及准确位置,切勿触摸该物品,并留意周围形迹可疑的乘客;不得在可疑物品 50 m 范围内使用手机、无线电对讲机等通信设备,设置警戒区域,封锁可疑物品的周边,疏散周围乘客。

④若未发现可疑物品或有毒气体,值班站长应报告公安部门负责人,请示是否进行二次搜索。公安部门负责人向所有搜索人员问询搜索情况,将搜索结果上报上级公安部门。

五、车站、列车发生抢劫、斗殴等严重治安或刑事案件的应急处理

城市轨道交通客流较多,乘客间容易产生碰撞和摩擦,发生斗殴事件,严重时甚至会演变为刑事案件;部分犯罪分子更是企图在车站、列车中抢劫乘客财物,这都严重破坏了公共交通的良好秩序。作为站务员,应当及时发现问题并及时制止,避免事件扩大。

1. 应急处理原则

(1) 立即拨打 110 报警,通知驻站警察。

(2) 警察需调用车站录像资料时,应积极配合,立即协助其按分公司有关规定办理手续。

(3) 如有人员受伤,立即拨打 120;当乘客受伤时,可自行将其送往医院,但原则上不垫

付医疗费用。

（4）车站票、款被劫时,需通知票务室。

（5）隔离现场物证区域。

（6）发生在车站内:

①发生抢劫事件时,在保证自身安全的前提下,组织堵截作案人员,疏散围观群众。若作案人员已逃逸,则积极寻找证人,协助当事人报案。

②发生斗殴事件时,如事件涉及人数较多或斗殴人员持有刀具、枪械、爆炸物等,立即执行车站疏散程序,列车不停站通过。

（7）发生在列车上:

①司机得知事件信息后,立即通知乘客远离事发车厢;

②车站得知事件信息后,立即通知驻站警察,组织保安人员到站台值守;

③列车到站后,如发现人群骚动或情况异常,立即查明原因。

2. 应急处理程序

（1）发生在车站(含列车停站)的治安事件应急处理程序。

①行车值班员。

事件报告:

a. 接报/发现抢劫、斗殴事件时,立即拨打110,安排人员通知驻站警察。如有人员受伤,立即拨打120。

b. 报值班站长,视情况通知车站各岗位人员。

c. 发生群体或持械斗殴及有人员受伤的其他治安、刑事案件时,立即报行车调度员。

d. 车站票、款被劫时,报行车调度员、票务室。

e. 接到本站已动车的列车内发生斗殴事件的报告时,立即向行车调度员报告并通知前方站。

车站广播:执行车站疏散程序时,立即使用车站广播通知乘客疏散,远离事发区域。

获取现场录像资料:调整CCTV、安防系统设备,尽可能获取现场录像资料。

②值班站长。

现场应急处理:

a. 发生抢劫事件时,在保证自身安全的前提下组织堵截作案人员,须疏散围观群众。如作案人员已逃逸,积极寻找证人,协助当事人报案。

b. 发生斗殴事件时,如事件涉及人数较多或斗殴人员持有刀具、枪械、爆炸物等,立即执行车站疏散程序。

c. 通知车站各岗位人员注意自身安全。

d. 通知售票员注意保管票、款。

e. 确认是否有乘客受伤,如有应将其转移至安全地点,等待120急救人员或自行将其送往医院。

后续工作:

a. 警察到场后,根据其要求,配合相关工作,遇超越职权范围的事宜时,立即报告。

b. 警察需调用车站录像资料时,积极配合,立即协助其按分公司有关规定办理手续。

c. 组织隔离物证区域。

d. 配合120急救人员工作,为其提供方便。

e. 车站票、款被劫时,组织客运值班员与票务室清点损失并做好记录。

③行车调度员。

事件报告:接到报告后,立即向值班主任报告。

列车调整:确认车站现场混乱时,立即组织后续列车不停站通过,并通知前方车站做好解释工作。如发生列车停站,立即扣停后续列车。

④值班主任。

启动预案:宣布启动应急处理预案。

信息通报:发生斗殴或有人员受伤时,立即通过电话向分公司领导进行口头汇报,发布事件信息。同时检查行车调度员执行应急处理措施的情况。

获取现场信息:立即使用CCTV、安防系统获取现场图像。

⑤司机。

接行车调度员"不停站通过"命令后,利用广播做好乘客通知工作。

进站时,如发现站台秩序混乱,立即转换驾驶模式,不停站通过,并向行车调度员报告,利用广播做好乘客通知工作。

停站列车发生斗殴事件时,凭车站显示的"好了"信号动车。

⑥票务管理部门。

接到车站票、款被劫的报告时,立即安排人员到车站清查。

(2) 发生在区间列车上的治安事件应急处理程序。

①司机。

事件报告:接到乘客报告后,立即向行车调度员报告。

应急处理:

a. 发生斗殴事件时,广播通知乘客远离事发车厢。

b. 维持列车到站。

②行车调度员。

事件报告:接到报告后,立即向值班主任报告。

应急处理:立即通知前方车站组织人员视情况处理,并要求通知驻站警察,组织保安人员到站台值守。

列车调整:根据车站处理情况,调整后续列车运行计划。

③值班主任。

报警:立即报110。

启动预案:宣布启动应急处理预案。

信息通报:发生斗殴或有人员受伤时,立即通过电话向分公司领导进行口头汇报,发布事件信息;同时检查行车调度员执行应急处理措施的情况。

获取现场信息:立即使用CCTV、安防系统获取现场图像。

④行车值班员。

事件报告:

a. 接到行车调度员通知后,立即向值班站长报告。

b. 接到行车调度员通知后,立即安排人员通知驻站警察,用电台通知站台岗人员。

c. 如有人员受伤,立即拨打120。

d. 车站票、款被劫时,报行车调度员、票务室。

车站广播:执行车站疏散程序时,立即使用车站广播通知乘客疏散,远离事发区域。

获取现场录像资料:调整CCTV和安防系统监控头的位置,尽可能获取现场录像资料。

⑤值班站长。

现场应急处理:

a. 接到行车调度员通知时,立即组织保安人员到站台处理,如确认发生涉及人数较多或持有刀具、枪械、爆炸物等事件,须提前执行车站疏散程序。

b. 发生抢劫事件时,在保证自身安全的前提下,应组织堵截作案人员,须疏散围观人员;如作案人员已逃逸,则应积极寻找证人,协助当事人报案。

c. 发生斗殴事件时,若事件涉及人数较多或斗殴人员持有刀具、枪械、爆炸物等,应立即执行车站疏散程序。

d. 通知车站各岗位人员注意自身安全。

e. 通知售票员注意保管票、款。

f. 视处理情况,向司机发送"好了"信号。

g. 确认是否有乘客受伤,若有则应将其转移至安全地点,等待120急救人员或自行将其送往医院。

后续工作:

a. 警察到场后,根据其要求,配合相关工作;遇超越职权范围的事宜时,立即报告。

b. 警察需调用车站录像资料时,应积极配合,并立即向部门请示。

c. 组织隔离物证区域。

d. 配合120急救人员工作,为其提供方便。

e. 车站票、款被劫时,组织客运值班员与票务室清点损失并做好记录。

六、车站、列车上危险化学品泄漏(含毒气袭击)应急处理

1. 危险化学品

危险化学品包括爆炸品、压缩气体和液化气体、易燃液体、易燃固体、自燃物品和遇湿易燃物品、氧化剂和有机过氧化物、有毒品和腐蚀品等。常见的危险化学品有天那水、酒精、油漆、汽油、煤油、柴油、丙酮、苯、氯乙烯、液氯、二氧化硫、氟化氢、氰化物、农药、杀虫剂等。

2. 处理原则

(1) 车站须加强对禁止携带"三品"进站乘车的宣传,当发现乘客携带有危险货物标志的物品时,应立即制止其进站乘车;若发现乘客已上车,则立即向行车调度员和前方站报告。

(2) 发现乘客携带的液体或气体泄漏时,在可能的情况下尽快确认携带者,寻找泄漏物的包装物,尽可能确认泄漏物性质。

(3) 发现炸药等爆炸品时,立即拨打110报警,通知驻站警察。发生少量泄漏且未发生人员中毒时,向所在市公安局轨道交通分局报告,通知驻站警察。发生人员中毒、危险化学品大量泄漏时,立即向市安监局、市交通运输指挥中心报告,通知驻站警察。

(4) 车站环控、隧道通风、列车空调运行模式和机电设备运行状态选择。

①不明原因的人员中毒/怀疑为毒气(化学毒剂)袭击发生在车站时,立即停止该车站的

大系统及隧道通风系统运行,同时停止相邻两个车站的隧道通风系统运行。

②上述情况发生在列车上时,到站后,停止该车站的大系统及隧道通风系统运行,司机立即关闭列车空调,乘客疏散完毕后,立即关闭车门。在没有证实气体的性质之前,不能随便向外界排风。

③发生液体或气体泄漏,能确认泄漏性质时,视泄漏量、发生地点、物质性质等具体情况选择车站环控、隧道通风、列车空调运行模式和机电设备运行状态。如易燃液体、气体大量泄漏,保持机电设备运行状态,防止火花引起爆炸。

(5) 人员中毒判断。

①发现危险化学品泄漏[发现泄漏物(含其包装物)或现场能闻到强烈的刺激性气味或其他特殊气味]时,大量人员感到呼吸道、眼睛、皮肤等不适(包括窒息、灼烧、呕吐、流鼻血、眼睛刺痛、咽喉不适、呼吸困难、咳嗽、抽搐等),有人不明原因昏倒等。

②群体性不明原因的呼吸道、眼睛、皮肤等不适(包括窒息、灼烧、呕吐、流鼻血、眼睛刺痛、咽喉不适、呼吸困难、咳嗽、抽搐等),有人不明原因昏倒等。

(6) 处理中的安全注意事项:有易燃液体、气体大量泄漏时,禁止在泄漏点和扩散核心区携带对讲机、手机等电子设备,禁止穿着带有铁钉的鞋和化纤类服装;使用铁器类工具时,注意不要磕碰地面、设备。

(7) 发生火灾、爆炸时,按相应的火灾、爆炸应急处理程序处理。

3. 应急处理措施

(1) 车站发生危险化学品泄漏事件的处理要点(见表2-2)。

表2-2 车站发生危险化学品泄漏事件的处理要点

事件描述		处理要点
发生人员中毒(含有毒液体、有毒气体、化学毒剂等)		人员安全保障:事发站立即停止服务,组织疏散乘客,通知车站人员(站务人员、驻站维修人员、保安人员、保洁人员、商铺人员等)撤离。 撤离人员隔离:怀疑为化学毒剂袭击时,将疏散到站外安全地点的乘客及车站员工进行隔离,设置缓冲区,等待专业部门处理。 环控模式:参考上述处理原则的"车站环控、隧道通风、列车空调运行模式和机电设备运行状态选择"相关内容。 行车安排:组织列车小交路运行。 人员急救:在可能的情况下,按常见危险化学品应急处理和控制措施对受到伤害的人员进行急救
液体泄漏且未发生人员中毒	少量泄漏	人员安全保障:立即隔离事发区域,确认是否有人员中毒征兆,若没有则进行以下工作。 泄漏物处理:在地面时,立即用沙土吸附泄漏液体,在其周边设置围挡,来不及时,使用干粉灭火器向液面喷洒(注意不能直接喷向液面),控制其扩散流动速度。在确保自身安全的情况下,由值班站长抓紧组织清扫,尽快使用容器将泄漏物和其包装物转移至站外安全地带;或由分公司有关人员、驻站警察赶到现场确认后进行处理。在电梯时,待电梯运行至适当位置,等轿厢门打开后,关停电梯,按发生在地面时的方法处理并通知机电人员断开其电源。在电扶梯时,关停电扶梯,使用拖布、擦布进行清理;处理过程中,使用灭火器防护

续表

事件描述		处理要点
液体泄漏且未发生人员中毒	大量泄漏	人员安全保障：事发站立即停止服务，组织疏散乘客，通知车站人员（站务人员、驻站维修人员、保安人员、保洁人员、商铺人员等）撤离；确认是否有人员中毒征兆，若没有则进行以下工作。 泄漏物处理：首先判断泄漏液体性质，在确保自身安全的情况下（如为易燃液体，不能在其周围使用对讲机、手机等电子设备；如为酸、碱等强腐蚀物品，需穿防护服），立即用沙土吸附泄漏液体，在其周边设置围挡，来不及时，使用干粉灭火器向液面喷洒（注意不能直接喷向液面），控制其扩散流动速度；后续处理交由专业部门。 行车安排：组织列车小交路运行
气体泄漏且未发生人员中毒	少量泄漏	人员安全保障：立即隔离事发区域，确认是否有人员中毒征兆，若没有则应进行处理。 泄漏物处理：尽可能关闭其容器阀门，将其移至站外
	大量泄漏	人员安全保障：事发站立即停止服务，组织疏散乘客，通知车站人员（站务人员、驻站维修人员、保安人员、保洁人员、商铺人员等）撤离。 泄漏物处理：在没有人员中毒征兆的情况下，尽可能关闭其容器阀门（注意不能携带对讲机、手机等电子设备），移至站外。如不能，可使用消防栓向泄漏区域喷洒水雾，或将棉被等浸湿后，覆盖在其容器上。后续处理交由专业部门。 人员急救：在可能的情况下，按常见危险化学品应急处理和控制措施对受到伤害的人员进行急救。 行车安排：组织列车小交路运行

（2）在站列车发生危险化学品泄漏事件的处理要点（见表 2-3）。

表 2-3　在站列车发生危险化学品泄漏事件的处理要点

事件描述		处理要点
发生人员中毒（含有毒液体、有毒气体、化学毒剂等）		人员安全保障：事发列车立即疏散，事发站立即停止服务，通知司机、车站人员（站务人员、驻站维修人员、保安人员、保洁人员、商铺人员等）撤离。 撤离人员隔离：怀疑为化学毒剂袭击时，将疏散到站外安全地点的乘客及车站员工进行隔离，设置缓冲区，等待专业部门处理。 环控模式：参考上述处理原则的"车站环控、隧道通风、列车空调运行模式和机电设备运行状态选择"相关内容。 人员急救：在可能的情况下按常见危险化学品应急处理和控制措施对受到伤害的人员进行急救。 行车安排：组织列车小交路运行
液体泄漏且未发生人员中毒	少量泄漏	人员安全保障：事发列车立即清客，确认是否有人员中毒征兆，若没有则进行以下工作。 泄漏物处理：由车站组织人员，立即用沙土吸附泄漏液体，在其周边设置围挡；来不及时，使用干粉灭火器向液面喷洒（注意不能直接喷向液面），控制其扩散流动速度。再根据常见危险化学品应急处理和控制措施，在确保自身安全的情况下，视泄漏量、物质特性，由值班站长决定扣车处理或运行至就近存车线，回厂处理

续表

事件描述		处理要点
液体泄漏且未发生人员中毒	大量泄漏	人员安全保障：事发列车立即疏散，事发站立即停止服务，通知司机、车站人员（站务人员、驻站维修人员、保安人员、保洁人员、商铺人员等）撤离；确认是否有人员中毒征兆，若没有则进行以下工作。 泄漏物处理：首先判断泄漏液体性质，在确保自身安全的情况下（如为易燃液体，不能在其周围使用对讲机、手机等电子设备；如为酸、碱等强腐蚀物品，需穿防护服），立即用沙土吸附泄漏液体，在其周边设置围挡；来不及时，使用干粉灭火器向液面喷洒（注意不能直接喷向液面），控制其扩散流动速度，并打开车门，后续处理交由专业部门。 行车安排：事发列车扣车，组织列车小交路运行
	少量泄漏	人员安全保障：列车清客，确认是否有人员中毒征兆，若没有则进行处理。 泄漏物处理：尽可能关闭其容器阀门，将其移至车外；如不能保持车门处于打开状态，待其泄漏完毕后，运行至就近存车线或回厂处理
气体泄漏且未发生人员中毒	大量泄漏	人员安全保障：事发列车立即疏散，事发站立即停止服务，组织疏散乘客，通知车站人员（站务人员、驻站维修人员、保安人员、保洁人员、商铺人员等）撤离；确认是否有人员中毒征兆，若没有则进行如下处理。 泄漏物处理：在没有人员中毒征兆的情况下，尽可能关闭其容器阀门（注意不能携带对讲机、手机等电子设备），将其移至车外；如不能，在车内时，保持车门处于打开状态，可使用消防栓向对应的站台区域喷洒水雾，或将棉被等淋湿后，覆盖在其容器上。后续处理交由专业部门。 人员急救：在可能的情况下，按常见危险化学品应急处理和控制措施对受到伤害的人员进行急救。 行车安排：事发列车扣车，组织列车小交路运行

任务4 大客流应急处理

任务导入

2012年4月10日早高峰限行时段，由于不堪大客流负重，上海地铁增加了"限流"车站，超过30座车站实施工作日高峰时段"限流"运营方案，此方案一时成为社会关注的热点。上海从1990年开始建第一条地铁，到2012年已建成拥有11条线路、运营里程达425 km的运营网络。地铁列车准时、快捷、舒适，从而成为市民出行首选的交通工具。与此同时，地铁客流量与日俱增，日均客运量4年时间翻了3倍。在工作日早高峰时段，上海地铁的多条线路满载率都超过100%。

截至2021年7月，上海市常住人口已超过2 500万，上海地铁已有19条线路，运营总里程达766 km。尽管如此，城市轨道交通的运输能力与大客流之间的平衡尚需时间，地面公交系统也需要进一步布局优化。大城市早晚高峰大客流日趋常态化。

> **任务描述**

（1）学习大客流应急处理办法；
（2）模拟车站大客流应急处理流程。

> **知识准备**

城市轨道交通线路的走向一般都是客流集中的交通走廊，连接着重要的客流集散点，如火车站、汽车站、航空港、航运港等交通枢纽，大型商业活动中心、体育场、会展中心、大剧院等重要文体活动中心，以及规模较大的住宅区等。因此，某些特殊车站尤其大型换乘站常会遇到大客流。为了保证乘客的安全和正常的运营秩序，车站在出现大客流时应遵循大客流应急原则与程序，灵活运用大客流应急措施，熟练使用引导与疏散大客流的主要设施，快速、高效地处置运营突发大客流事件，避免秩序混乱失控，将事件造成的影响降到最低限度，确保城市轨道交通安全运营与乘客人身安全。

一、大客流的认知

1. 大客流的概念

大客流是指车站在某一时段客流激增，集中到达的客流量超过车站正常客运设施、组织措施所能承担的客流量时的客流。

大客流表现为客流非常拥挤或极度拥挤、乘客流动速度明显减缓、客流交叉干扰严重等，对乘客的出行造成不利影响，对运营安全造成了较大威胁。

因此，及时进行客流预测并编制合理的客流组织方案，对轨道交通车站实施客流组织具有重要意义。通常情况下，大客流的出现具有规律性，是可以预见的。比如，大城市中由通勤原因引起的每天早晚高峰（上班高峰一般在上午 7：30—9：30，下班高峰一般在下午 4：30—6：30）；由外界因素引起的大客流，如节假日的客流高峰期，举办重大活动（大型体育赛事、文艺表演等）形成的客流，风、雨、雪等恶劣天气情况引起的客流大幅增加等。在城市轨道交通日常运营活动中，也常碰到不可预见、因突发性事件而形成的大客流。

2. 大客流的成因

（1）直接成因。

大客流的直接成因，源于我国庞大的人口基数，以及人们出行需求的绝对增长。

（2）根本原因。

形成大客流的根本原因，是交通运输基础设施的发展滞后，导致运输能力相对不足。

（3）推动因素。

我国的民俗文化、休假制度等对大客流的形成也起到了推动作用。

3. 大客流的分类

（1）根据大客流产生的原因进行分类（见图 2-4）。

（2）根据大客流可能造成的危害程度、影响大小等情况进行分类。

根据大客流可能造成的危害程度、影响大小等情况，大客流可分为一级大客流和二级大客流。

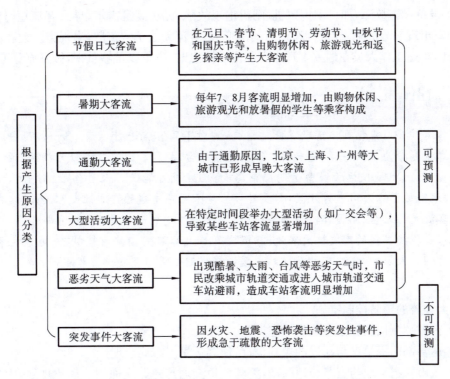

图 2-4　大客流产生的原因

① 一级大客流。

一级大客流的判定标准：各车站根据本站的正常乘客数量进行比较，站台聚集人数达到或大于站台有效区域的 80%，并且持续时间大于实际行车时间间隔。一级大客流会给乘客及轨道交通运营安全造成影响，存在明显的安全隐患。

② 二级大客流。

二级大客流的判定标准：各车站根据本站的正常乘客数量进行比较，站台聚集人数达到站台有效区域的 70%，并有持续不断上升的趋势。在二级大客流情况下，乘客的正常出行和轨道交通所提供的服务水平受到一定程度的影响，车站比较拥挤，乘客感觉比较压抑，但尚未对乘客及轨道交通运营安全造成影响。

认识大客流的类型，对我们采取有效措施来合理组织与控制大客流具有重要意义。

4. 大客流危险源识别

城市轨道交通车站受大客流冲击一般由以下几种因素引起：

(1) 客流预测与城市总体规划存在偏差；

(2) 预测客流与实际客流出入较大，车站规模设计不合理；

(3) 城市轨道交通对出行者的吸引力强；

(4) 城市核心功能区过度集中；

(5) 线路间能力匹配不恰当；

(6) 特殊恶劣天气（暴风雨雪）影响地面公交，导致客流大量涌向城市轨道交通，造成突发大客流；

(7) 大型社会活动及体育赛事造成局部地区客流方向集中，从而造成突发大客流；

（8）设备设施故障，如自动售票机、闸机出现故障，无法满足需求，导致客流短时间内上升，或列车出现信号故障，导致列车运行间隔变大，客流无法正常疏散，出现突发大客流。

因此，车站工作人员在遇到上述大客流潜在隐患时，应予以足够重视，做好充分准备。

> **知识链接**
>
> 各地铁公司根据具体情况及应对需要，常对不同客流进行分级。例如，西安地铁将大客流划分为三级：一级突发性大客流是指站台、站厅和出入口都较为拥挤，预计持续超过 30 min，地铁运营秩序受到严重影响，已经或可能造成人员伤亡、财产损失等后果，地铁运营分公司进行处置，需要外部力量来疏导支援的突发性大客流；二级突发性大客流是指站台、站厅都较为拥挤，地铁运营秩序受到一定影响，客运部处置，需要其他人员现场支援的突发性大客流；三级突发性大客流则指站台较拥挤，地铁运营秩序未受到较大影响，通过车站及邻站支援能够得到处置的突发性大客流。

5. 大客流的预防控制措施

（1）客流预测依据城市规划做动态调整。

（2）运营部门提早参与新线的规划设计，使客运站点布局合理。

（3）城市轨道交通与道路交通联动，完善轨道交通与道路交通的一体化规划，为乘客提供多种出行选择。

（4）通过票价政策，引导乘客错峰出行。例如，深圳地铁龙华线采取平峰期坐 4 次送 1 次的乘车优惠；华盛顿地铁在高峰期涨价，除了公共节假日，上午 6：00—9：30 和下午 3：30—6：30 的上下班高峰时间，地铁票价比正常票价高出 1/3；上海、苏州等城市对 70 岁以上的老年人在地铁高峰期不给予免票优惠，老年人优惠仅限于平峰期。

（5）做好重点线路、车站客运组织研究与应对。通过开展大客流组织研究，掌握客流规律，完善车站客流组织预案，针对线网客流特点和客运组织难点，制定立足于点、线、面的多元化"线控""网控"客流联控模式，并实施定点、定时、定值的常态化客流控制，以"主动计划性控制"取代以往的"被动应急性控制"，达到均衡线路运能、缓解大客流组织压力与引导乘客错峰出行等目的。

（6）加强宣传，引导乘客合理出行，培养乘客文明乘车的习惯，提升客运组织效率。

（7）加强维修保障，满足客运需求。

6. 车站大客流组织的客观影响因素

城市轨道交通车站在组织大客流应急工作时，应充分考虑车站的具体位置、站台设备配置方式、客流特点等因素，而最根本的影响因素是车站通过能力，即主要受到车站楼梯、出入口通道、自动售检票设备的通过能力以及列车输送能力等的影响，在此基础上再有针对性地采用措施。

根据实际运营经验，车站大客流组织的瓶颈主要体现在出入口、进出站闸机以及由站厅转到站台的自动扶梯口等处。只要控制好这些车站设备中的薄弱环节，就能做好车站的客流组织工作。因此，立足于客流实际情况，做好车站的设备通过能力分析，有利于提高车站在大客流情况下的客流组织效率。

(1) 车站出入口及通道的设置。

在车站出入口及通道的数量、规模和位置已经确定,无法再改变的情况下,车站大客流组织应根据车站进出客流的方向和数量,灵活选择关闭或开放车站出入口的数量和位置,同时可改变或限定通道内乘客流动的方向,达到限制乘客进站数量和流动速度的目的。从运输安全和消防疏散的角度考虑,每个车站必须保持开通两个以上的出入口及通道。

(2) 站厅的面积。

根据城市轨道交通客流组织经验,站厅容纳率一般为 2~3 人/m^2。

(3) 站台的面积。

站台主要供列车停靠时乘客上、下车使用。站台的设计应满足远期预测客流的需要,且站台的宽度应满足高峰小时客流量的需要。根据实际客流组织经验,站台容纳率一般为 2~3 人/m^2。

(4) 楼梯与通道的通过能力。

《地铁设计规范》(GB 50157—2013)规定,为保证一定的通过能力,单向楼梯的宽度不应小于 1.8 m,双向楼梯的宽度不应小于 2.4 m,通道或天桥的最小宽度不应小于 2.4 m。单向行走时楼梯的通过能力一般按 70 人/min(下行)、63 人/min(上行)及 53 人/min(混行)计算。若采用自动扶梯,通行能力可达 100~120 人/min。通道的通行能力则按每米 88 人/min(单向)、70 人/min(双向)计算。

(5) 自动售检票设备的通过能力。

自动售检票设备在有无充分引导时,其通过能力是不一致的。自动售检票设备在充分引导条件下,其通过能力通常为 3~4 人/min,在乘客自助时,其通过能力为 1~2 人/min;闸机在充分引导条件下,其通过能力通常为 12~15 人/min,在乘客自助时,其通过能力为 10 人/min。

(6) 列车输送能力。

列车输送能力是车站大客流组织的主要影响因素,行车间隔和车辆荷载则是影响列车输送能力的两大因素。列车行车间隔越小,车辆满载率越高,对车站客流组织的压力越大。

二、大客流的应急处理

1. 车站大客流的应急处理原则

(1) 整体遵循"安全第一、统一指挥、分级控制、合理引导、及时疏散"的原则。

(2) 以实现乘客安全运输为根本原则,保持客流运送过程通畅,尽量减少乘客出行时间成本,避免拥挤,便于大客流发生时能及时疏散。

(3) 统一指挥,分工明确。城市轨道交通控制中心负责城市轨道交通线路客流组织工作,车站的客流组织由值班站长负责。

(4) 根据车站具体情况,分级实施人潮控制。三级人潮控制的控制点分别在车站出入口、入口闸机处及站厅至站台层自动扶梯处。

(5) 人潮控制应遵循由内至外、由下至上的原则。

(6) 在各种设施设备的使用及疏导措施的运用中,坚持出站客流优先原则。

知识链接

三级人潮控制

一级人潮控制：当站台出现乘客拥挤时，须缓解站台乘客候车压力，在站厅的楼梯、扶梯口控制进入站台乘客数量，将扶梯全部设置为向站厅方向开启。

二级人潮控制：当站台和站厅付费区乘客较多时，须关闭部分自动售票机、进站闸机，同时在进站闸机处控制进入付费区乘客数量。

三级人潮控制：当站台、站厅付费区和非付费区的乘客较多时，须限制进站人数，在出入口采取分批限量进站、只出不进或关闭出入口等措施。

2. 车站大客流的应急处理程序

各城市轨道交通运营企业所采用的大客流应急处理程序各不相同，大致情况如图 2-5 所示。

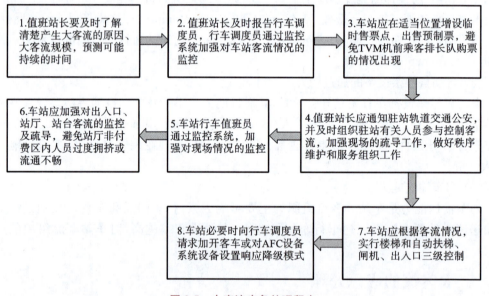

图 2-5　大客流应急处理程序

3. 引导与疏散大客流的主要设施

城市轨道交通引导与疏散大客流的主要设施有：临时导向标志、警戒绳、隔离栏杆（见图 2-6）及手持广播等。

采用人工引导及通过广播宣传引导等疏导措施，可以对客流实现分流、限流，避免客流流线对流、交叉、冲突等，有助于更好地完成客运组织工作。

4. 车站大客流组织的应急措施

（1）增加列车运能。

增加列车的运能是大客流组织的关键。可根据预测客流量，提前编制针对大客流情况的列车运行图，从运能上保证大客流的运营组织。在大客流发生时，根据大客流的方向，利用就近的折返线、存车线组织列车运行方案，增开临时列车，从而保证大客流的疏散。

图 2-6　站外加设隔离栏杆

(2) 提高售检票能力。

售检票能力不足是大客流疏散的主要障碍,车站在设置售检票位置时应考虑疏散大客流的通道。针对可预见的大客流情况,应事先做好相应的票务服务准备工作。

①售检票设备的准备。设备维护人员应事先对车站全部售检票设备进行维护、检修,确保在大客流发生时售检票设备能正常使用。

②车票和零钞的准备。车站应根据客流预测和以往大客流所消耗的车票及零钞数,在大客流发生前,向票务部门申领和储备充足的车票和零钞。

③临时售票亭的准备。车站应根据大客流的进出方向,选择在进站客流较集中的位置设置临时售票亭。站厅面积较小的车站,可考虑将临时售票亭设置在进站客流较多的通道内。

(3) 做好进站客流组织工作。

根据站台是否还能容纳和承受更大的客流,分两种情况来进行进站客流组织工作。

①站台还能容纳和承受更大的客流。

a. 提高售检票能力。准备好足够的车票、零钞;在地面、站厅增设临时售票点,增加临时售检票位置或增加自动售票设备的投入。

b. 加开进站方向的闸机。

c. 加开通往站台方向的扶手电梯。

d. 适当延长列车停站时间。在站台上做好乘客上、下车的引导工作,在保证乘客安全的前提下,争取让更多的乘客上车,增加本次列车的运能。

②站台不能容纳和承受更大的客流。

a. 暂停或减缓售票速度,关闭部分自动售票机。

b. 暂时关闭局部或全部进站方向闸机。

c. 更改扶手电梯方向,将部分或全部扶手电梯调整为向站厅层及出入口方向运行,延缓乘客进站速度。

d. 适当延长列车停站时间,尽可能让更多乘客上车。

e. 采取进出分流导向措施,将部分出入口设置成能出不能进,限制乘客进入,延长站台层大客流的疏散时间。也可在公安人员的配合下关闭出入口,暂停客运服务,安排人员到出入口做好乘客解释工作,并张贴车站关闭的通告。

(4) 做好出站客流组织工作。

疏散出站乘客往往能缓解车站客流压力,在大客流组织中应坚持出站客流优先原则。保证乘客出站线路畅通,加快出站速度,使乘客安全、快速、有序地离开车站,可采取以下措施:

①更改扶手电梯方向,将部分或全部扶手电梯方向调整为向站厅层及出口方向运行;
②将部分或全部进站闸机更改为出站闸机;
③紧急情况下,可采取票务应急处理模式,如出站免检模式、AFC紧急放行模式等。

(5) 采取临时疏导措施。

在大客流组织中,合理的临时疏导是很重要的组织措施。临时疏导主要包括车站出入口、站厅层的疏导,自动扶梯以及站台层的疏导。

①车站出入口、站厅层的疏导主要是根据临时售检票位置的设置,引导、限制客流的方向。
②临时售检票位置宜设置在站外、站厅层较空旷的位置,应为排队购票的乘客留出充分的空间,确保通道的畅通和出入口、站厅的客流秩序正常。
③自动扶梯以及站台层的疏导主要是为了保证客流均匀上、下扶梯和尽快上、下列车,保证站台候车乘客的安全。站务人员应在靠近楼梯、扶梯处站岗并分散在站台前、中、后部疏导乘客。

(6) 疏散、清客与隔离。

疏散是指在紧急情况下,利用一切通道和出入口,迅速将乘客从危险区域全部转移到安全区域。按照疏散地点可分为车站疏散和隧道疏散。

清客是指当车站或列车出现异常情况时,将乘客从某一区域全部转移到另一区域。清客可分为非紧急/紧急情况清客、设备故障清客、列车失火或冒烟清客、清客至站台、清客至轨道等多种情况。

隔离是指采用某种方式或设备人为地隔开人群或封锁某个区域。根据造成隔离的原因及隔离的组织方法,通常分为非接触式纠纷隔离、接触式纠纷隔离、客流流线隔离及疫情隔离4种。

上述措施常用于客流异常的情况,城市轨道交通车站应根据客流成因及具体情况,因时因地选择适宜的应急处理措施。

知识链接

上海地铁应对大客流措施

为确保高峰时段列车运行安全、准点和通畅,上海地铁在客流集中的30多座车站实施"限流",采取关闭车站部分入口和闸机、站外设置限流栏杆等措施,尽量减少大客流集中滞留车站,避免列车因乘客吊门而无法准点行驶,最终实现了整条线路的运能均衡和通畅。但在实施"限流"的车站,乘客排队等候进站的时间变长。为此,限流车站不断优化和改进限流措施,如在站外设置提醒标志,增加警力和志愿者疏导,为特殊人群设置"绿色通道"等。

实训任务 1　体验城市轨道交通车站的大客流

【任务目标】

(1) 体验工作日大客流和节假日大客流的区别。
(2) 通过照相、摄影等方式留取现场资料。
(3) 撰写车站大客流体验报告。

【任务实施】

(1) 在往返学校与地铁站之间时注意安全。
(2) 提供照相机、摄像机等必要设备。

【任务评价】

实训任务 1　体验城市轨道交通车站的大客流			
考核内容	分　　值		考核得分
1. 城市轨道交通应急设备认知及使用情况	40		
2. 演练方案的完成情况（汇报效果）	20		
3. 演练过程考核（团队分工、角色设置、处理程序）	30		
4. 课堂表现及职业素养	10		
总体评价			
教师评价（40%）	小组自评（30%）	小组互评（30%）	学生姓名
			分数

实训任务 2　大客流应急处理模拟

【任务目标】

(1) 加深对大客流处理流程的掌握。
(2) 强化对三级人潮控制的理解。

【任务实施】

根据所学内容，在实训室模拟城市轨道交通车站大客流应急处理工作。
注意事项：
(1) 选择面积较大的场所进行实训，有条件的可在城市轨道交通运营车站实训室或仿真模拟系统上进行。

(2) 按城市轨道交通车站日常大客流应急处理工作岗位进行分工。

【任务评价】

实训任务 2　大客流应急处理模拟		
考核内容	分　值	考核得分
1. 对城市轨道交通大客流应急处理流程掌握情况	40	
2. 演练方案的完成情况（汇报效果）	20	
3. 演练过程考核（团队分工、角色设置、处理程序）	30	
4. 课堂表现及职业素养	10	
总体评价		
教师评价（40%）	小组自评（30%）	小组互评（30%）	学生姓名	
			分数	

思考与练习

1. 填空题

(1) 城市轨道交通供电系统一般包括外部电源、主变电所（或电源开闭所）、_____、动力照明供电系统、_____。

(2) 城市轨道交通的动力照明等用电负荷根据它们的实际情况可分为_____、_____或_____负荷。

(3) 车站大面积停电指的是_____正线车站所有_____负荷停电。

2. 多项选择题

(1) 突发大客流可分为(　　)。

A. 特级大客流　　　B. 一级大客流　　　C. 二级大客流　　　D. 三级大客流

(2) 车站大客流组织的影响因素有(　　)。

A. 站务员的人数　　　　　　　　　B. 站厅面积
C. 列车运送能力　　　　　　　　　D. 自动售检票设备的通过能力

(3) 车站大客流组织的应急措施包括(　　)。

A. 增加列车运能　　　　　　　　　B. 降低售检票能力
C. 做好进站客流组织工作　　　　　D. 做好出站客流组织工作

(4) 当车站站台不能再容纳更多的客流时应(　　)。

A. 提高售检票能力　　　　　　　　B. 暂时关闭局部或全部进站方向闸机
C. 加开通往站台方向的扶手电梯　　D. 延长列车停站时间

(5) 车站大客流组织应急预案包括(　　)。

A. 加强对车站客流情况的监控

B. 车站应该加强现场的疏导工作,增加工作人员
C. 车站应在适当位置增设临时售票点,出售预制票
D. 车站根据客流情况,实行楼梯和自动扶梯、闸机、出入口三级控制

3. 判断题

(1) 当车站不能容纳和承受更多的客流时,应暂时关闭局部或全部进站方向的闸机。
(　　)

(2) 在限流组织时应保证乘客的安全,请乘客给予配合,无须向乘客说明原因。(　　)

(3) 城市轨道交通车站要通过对出入口的巡视来监控天气变化,遇到降雨或降雪天气,应及时启动"城市轨道交通运营车站防汛预案"或"城市轨道交通运营车站雪天预案"。
(　　)

(4) 二级大客流是指各车站根据本站的正常乘客数量进行比较,站台聚集人数达到或大于站台有效区域的 80%,并且持续时间大于实际行车时间间隔。(　　)

(5) 大客流应急处理应坚持"统一指挥、分级控制、合理引导、及时疏散"的原则。
(　　)

4. 简答题

(1) 简述突发大客流发生时值班站长的岗位职责。
(2) 如果车站发生大面积停电,应向 OCC 汇报哪些内容?
(3) 当车站发生大面积停电时,车站具体的处置措施有哪些?

项目 3
信号设备故障应急处理

 项目描述

城市轨道交通信号系统是用于指挥和控制列车运行的设备系统,是安全行车的保证。国内的正线信号系统供应商主要有卡斯柯、西门子、泰雷兹等。根据信号制式的不同,有固定闭塞、准移动闭塞、移动闭塞,有音频轨道电路、感应环线、无线通信等控制方法。随着城市轨道交通行车指挥自动化程度的提高,信号系统的重要性显著提升,信号系统故障已经成为影响行车最主要的故障之一。

本项目以 SICAS 信号联锁设备为例,帮助学生学习信号设备出现故障时的应急处理方法和程序。通过对几种典型故障的应急处理的学习和模拟演练,提高应对信号设备故障的能力,奠定良好的知识基础和职业技能,并能够应用到实际工作中。

 技能目标

(1) 能够根据信号设备故障现象,初步判断故障原因;
(2) 能够根据信号设备故障现象,判断行车组织方法;
(3) 能够根据不同信号设备故障现象进行应急处理。

 素质目标

(1) 培养岗位协同意识和团队合作精神;
(2) 培养应对道岔故障的应急处理专业素质和安全行车的意识;
(3) 培养应对轨道电路、计轴故障的应急处理专业素质和安全行车的意识;
(4) 培养应对 ATS 信号故障的应急处理专业素质和安全行车的意识;
(5) 培养合理应对 ATP 故障及行车组织的全局观和安全行车的意识。

 案例导入

2020 年 11 月 19 日,济南地铁 1 号线轨旁设备故障(泰雷兹系统),故障区域内列车采用多种方式运行(ITC,RM,NRM)。事发车站为演马站,该站为终点折返站,设有站前交叉渡线。信号机 S1104 防护 P1106、P1104 两副道岔,事发列车进站前,前次列车刚从演马站上行站台经 P1104 道岔站前渡线折返至下行出站。

司机按令切除 ATP,以 NRM 模式运行,在 S1104 信号机红灯前接行调命令,行调允许司机越过 S1104 信号机红灯,且中途催促司机抓紧时间动车。司机在 S1104 信号机红灯前降低速度,确认信号机编号,继续以 NRM 模式运行,之后确认 P1106 道岔开通并继续运行,司机在 P1104 道岔前确认道岔位置(未发现道岔位置错误),之后列车头部越过 P1104 道岔时发生挤岔脱轨,列车剧烈抖动,司机采取停车措施,最终列车于接近站台中部位置停稳。此事件导致列车脱轨,造成道岔与列车转向架损坏,中断行车约 7 小时,受事件影响,方特站、济南西站中断运营,启动公交接驳。

事故原因:行调在未排好接车进路的情况下指挥事发列车越红灯进站,当事司机越过 S1104 信号机红灯及 P1106 道岔后未认真确认 P1104 道岔开通方向便盲目继续动车进站,最终导致事件的发生。

任务 1　认知信号系统故障应急处理

任务导入

2019 年 2 月 21 日 8:36,上海地铁 2 号线因信号设备故障,淞虹路站往中山公园站方向列车限速运行,发车班次间隔延长,预计晚点 15 min 以上,运营方提醒乘客及时调整出行路线,以免耽误行程。8:57,2 号线信号设备故障已排除,运营逐步恢复,预计全线恢复正常运营仍需 20 min。由于处于早高峰时段,现场客流压力较大,静安寺、人民广场等站已先后采取限流措施。

由此可见,信号系统故障往往会造成行车延误或运营中断,给城市轨道交通的运营带来困难或巨大损失。所以,一旦出现信号系统故障,现场人员根据应急处理原则和流程进行应急处置,在最短时间内恢复行车,就显得尤为重要。

任务描述

模拟信号系统故障,能够根据故障现象判断故障原因,合理选择行车组织方法,并按流程处理及汇报。

知识准备

一、信号系统故障的基础

1. 相关专业术语及定义

(1) 信号系统故障:轨道交通正线或车辆段信号系统不能正常使用,关键设备损坏等严重影响列车正常运行或危及行车安全的故障。

(2) LOW:局域操作员工作站。

(3) HMI:人机界面。

(4) RM:限制人工驾驶模式,列车以不超过 25 km/h 的速度运行。列车的监控、运行、制动及开关车门由司机操作，车载设备对列车速度进行 25 km/h 的超速防护，以及对列车完整性、车门状态、列车倒溜等进行监督。

（5）NRM：非限制人工驾驶模式，列车完全由人工驾驶，车载设备不控制列车运行，司机根据调度命令和地面信号的显示驾驶列车。

2. 信号系统故障分类

（1）按地点可分为正线信号故障和车辆段信号故障。

（2）按故障设备可分为联锁设备故障、道岔故障、轨旁 ATP 设备故障、ATS 设备故障和其他信号故障。

3. 信号系统故障现象及行车方法

信号系统故障现象及行车方法如表 3-1 所示。

表 3-1 信号系统故障现象及行车方法

地 点	设 备	故 障 现 象	行 车 方 法
正线信号故障	联锁设备故障	联锁主机等联锁核心设备故障导致联锁区的全部或者大部分行车信号设备无法使用，造成 HMI、信号系统大屏幕显示灰色或显示异常，联锁区内的全部或者部分进路无法排列，相邻联锁区向故障联锁区进路无法排列，列车在故障联锁区产生紧急制动等情况	各车站可在 OCC 的指令下，视情况组织电话闭塞行车
	ATS 设备故障	信号 ATS 子系统中的核心部件（通信服务器、前端处理器等）发生严重故障，导致 ATS 设备无法正常使用，造成人机界面、信号系统大屏幕灰屏等情况	可在站控下组织行车
	道岔故障	道岔操动不到位、无表示等故障，导致通过故障区段的行车或折返进路无法排列，严重影响列车运营	如果具备运行条件，通过人工对道岔进行加锁等措施，列车在该故障道岔区段可按照 OCC 指令采用 RM 或 NRM 模式降级运行；如果不具备运行条件，则调整列车运营，并组织人员实施抢修
	轨旁 ATP 设备故障	轨旁 ATP 主机及其附属设备故障导致轨旁 ATP 无法正常使用，故障区内列车紧急制动	按 OCC 指令，采用 NRM 模式降级运行

续表

地点	设备	故障现象	行车方法
车辆段信号故障	联锁故障	车辆段联锁主机、操表机等核心联锁部件故障,造成控制台显示屏黑屏或显示异常等,导致整个车场的信号设备无法使用	需人工到现场办理进路,相关列车司机严格按照信号楼调度员指令行车
	道岔故障	车辆段道岔挤岔、无表示、操作不到位等故障,导致排列的进路信号关闭,或通过该道岔的进路无法排列	如具备运行条件,可在现场人工对道岔加锁后引导列车开行;如不具备运行条件或故障处于出入段线且影响正线运营,则立即组织人员实施抢修
	其他信号故障	导致出入段列车进路无法排列,列车无法按信号指示运行	如果发生故障,则立即组织人员实施抢修

二、应急处理基本原则

1. "先通后复"原则

经过抢修,首先满足线路恢复运营的基本要求,然后利用非行车时间对设备进行全面整修,恢复设备原有的技术状态。

2. "安全"原则

在抢修过程中,严格遵守"三不动""三不离"等安全管理相关规定,确保抢修人员人身安全。

> **知识拓展**
>
> 三不动:
> (1) 未登记联系好不动。
> (2) 对设备性能、状态不清楚不动。
> (3) 正在使用中的设备(指已办理好的进路或闭塞设备)不动。
> 三不离:
> (1) 工作完毕,不彻底试验好不离。

（2）影响正常使用的设备缺点未修好前不离（一时克服不了的缺点，应先停用再修复）。

（3）发现设备有异状时，未查清原因不离。

三、应急指挥机构

发生信号系统故障时的应急指挥机构设置及职责在《城市轨道交通运营突发事件总体应急预案》中有所规定。通常成立现场指挥部处理正线联锁故障，其他信号故障的处理则由工务通号中心指定负责人，现场抢修负责人与 OCC 保持沟通、协调，负责现场抢修处置工作。

现场处置机构由工务通号部、调度部、客运部、供电机电部、安全保卫部等相关部门的人员组成。工务通号中心为现场处置关键部门。

OCC 承担先期应急指挥工作，预案正式启动后指挥权移交给公司应急指挥部。信号系统故障发生在正线时，现场先期处置由 OCC 行车调度员负责指挥；发生在车场时，现场先期处置由车场调度员负责指挥。

四、信息报告

信息报告流程如图 3-1 所示。

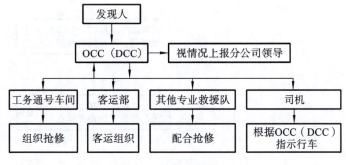

图 3-1　信息报告流程

若发现信号故障，故障发现人应第一时间将故障时间、地点、现象、影响范围及本人姓名、岗位报告给 OCC(DCC)。OCC(DCC)记录故障信息及故障报告人，并将故障信息通知工务通号中心调度、客运部。OCC(DCC)视故障影响范围报相关部门及运营公司领导。

工务通号中心现场处置人员向车间调度员反馈故障影响范围、故障处理情况、设备恢复情况、需协调配合的事项，车间调度员将现场反馈情况汇报给 OCC(DCC)。

抢修结束后，OCC(DCC)组织恢复工作，并发布预案终止信息。

五、信号故障处置流程

信号故障处置分正线信号故障处置及车辆段信号故障处置，不同的故障现象有不同的应急处理方法，后续任务中再具体学习。信号故障基本处置流程如图 3-2、图 3-3 所示。

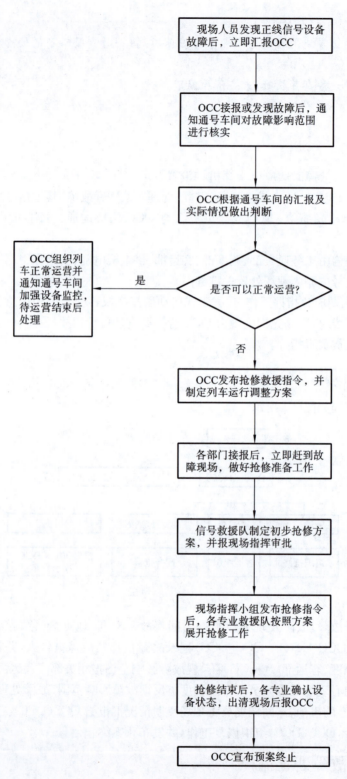

图 3-2　正线信号故障处置流程图

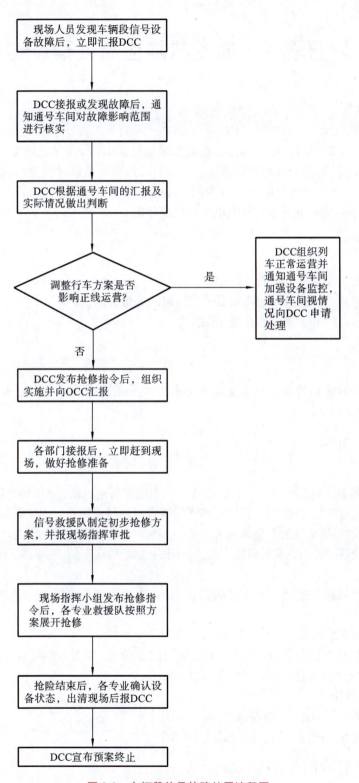

图 3-3　车辆段信号故障处置流程图

任务 2　道岔故障应急处理（一）

任务导入

2013 年 07 月 27 日 17:41—19:20,在晚高峰最繁忙时段,武汉地铁 2 号线光谷广场站折返道岔发生故障,导致全线列车延误近 2 个小时。广埠屯站临时救急,代替光谷广场站成为终点站,前往光谷广场站的乘客不得不在广埠屯站转乘公交。武汉地铁集团表示,事故原因是光谷广场站的站前折返道岔转辙机出现机械故障。

任务描述

(1) 根据道岔故障现象判断故障原因。
(2) 根据各种不同的道岔故障情况采用正确的处置方法。
(3) 画出不同的道岔故障处置流程图。

知识准备

道岔故障是轨旁信号设备经常发生的故障之一,一般表现为道岔失去表示,进路无法排列,从而影响正常行车。

一、基础知识

1. 进路

进路是指列车或调车车列由一个地点到另一个地点所运行的径路,分为列车进路和调车进路。进路是由道岔位置决定的,其始端和终端通常由信号机防护。由于联锁设备的不同,铁路车站及车辆段(包括地铁的车辆段及停车场)进路是在车站(车场)范围内,而城市轨道交通正线信号联锁设备的进路通常是跨越车站或区间的,如始端在车站,终端在区间或下一车站。

2. 道岔

道岔是轨道线路相连接或相交叉的设备总称,作用是引导车辆由一条线路转往或越过另一条线路。

3. 道岔的左位、右位

道岔的左位是指面向尖轨,道岔开通左侧股时的位置,如图 3-4 所示;道岔的右位是指面向尖轨,道岔开通右侧股时的位置,如图 3-5 所示。

4. 道岔的操作

(1) 正常情况下的操作:遥控操纵、电气锁闭。
(2) 故障情况下的操作:现场手摇、人工锁闭。

二、道岔故障的相关概念

1. 道岔故障时的现象(信号设备显示)

(1) 道岔短闪:表示道岔转不到位故障。

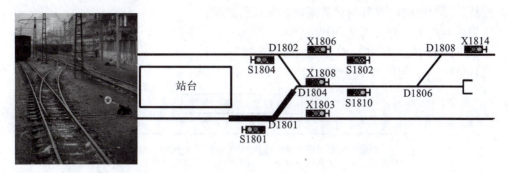

图 3-4　左位

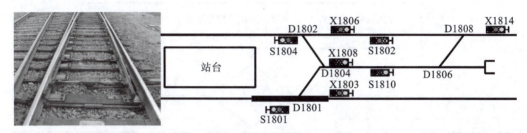

图 3-5　右位

(2) 道岔长闪：表示道岔挤岔故障。
(3) 道岔灰显：相应的道岔区段显示灰色，表示道岔状态无显示故障。
(4) 道岔编号闪：进路道岔有储存的 kick-off 控制故障。
(5) 道岔区段红光带：相应的道岔区段显示为物理占用的红光带（隶属轨道电路红光带的一种）故障。

2. 道岔故障发生的时段

(1) 运营期间：运行图规定载客运营时段。
(2) 非运营期间：当天运营结束至第二天开始载客运营之间的时段。

3. 道岔故障发生的地点

(1) 折返站：设有折返线，可供列车折返、停留和临时检修的车站（基本为该运营线终点站，但在大小交路套跑或非正常运营期间小交路运行时除外）。
(2) 中间站：仅供乘客上下车之用，功能单一，是城市轨道交通路网中数量最多的车站。
(3) 分界站：有分叉运营线路的线路交会站。

4. 道岔故障发生的背景

(1) 无车占用：进路未建立或建立后列车未占用时。
(2) 有车占用：进路建立后，列车运行至道岔区域发生故障时。

三、道岔故障的应急处置

道岔故障的应急处置应综合考虑时间、地点、现象、背景等多重因素，例如：
按时间可分为故障初期、故障中期、故障后期 3 个阶段；
按故障发生时是否有车占用，可分为无车占用和有车占用两种情况；
按故障现象可分为道岔短闪、道岔长闪、道岔灰显、道岔编号闪、道岔区段红光带等 5 种现象；

按故障发生的时段可分为运营期间和非运营期间；
按发生地点可分为折返站、中间站等。
根据不同的情况，OCC采取相应的应急处置措施。

（1）道岔长闪、短闪故障应急处置流程如图3-6所示。

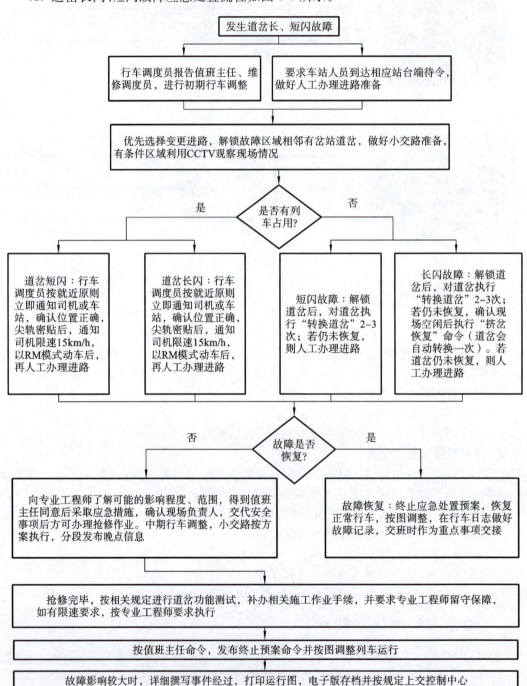

图3-6 道岔长闪、短闪故障应急处置流程图

（2）道岔灰显、编号闪、红光带故障应急处置流程如图 3-7 所示。

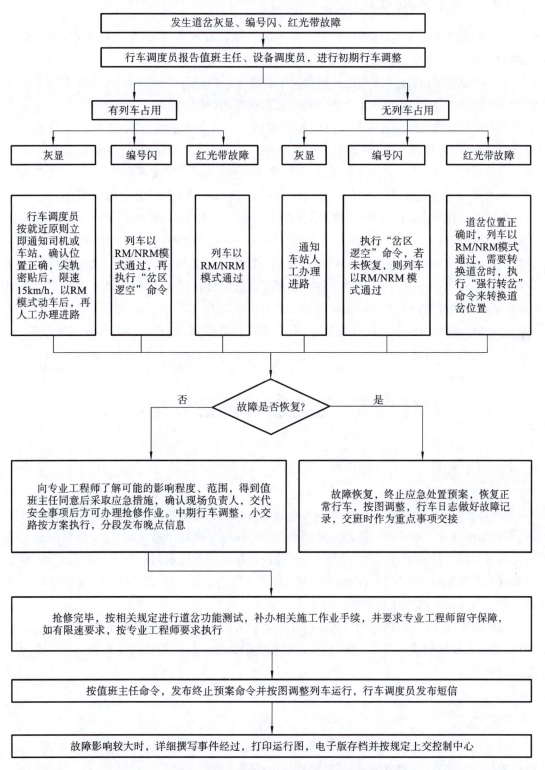

图 3-7　道岔灰显、编号闪、红光带故障应急处置流程

四、道岔故障的处置原则

(1) 非运营期间发生故障时,做好充分预想。预计有影响时,列车提前出库,选择变更进路,及时向相关车站、信号楼、派班室通报信息。

(2) 连接车场、基地道岔在运营期间发生故障时,可安排回库列车就近停放于存车线或继续在正线载客运营,降低人工办理进路对运营秩序的影响。

(3) 季节变化对地面及高架车站道岔影响较大。遇冬季冰雪影响,发生道岔转不到位故障时,应及时组织除雪作业;如需组织小交路运行,应尽量选择地下站折返,避免扩大影响。夏季高温多雨,暴雨后再经暴晒,道岔滑床板极易生锈,发生转不到位故障时,行车调度员须及时通知专业人员进行涂油,为配合专业人员,应临时请点以便进行涂油作业。

(4) 人工办理进路前,行车调度员须与现场确认故障道岔开通位置,位置正确可直接加钩锁器,合理安排折返进路,提高人工办理进路效率。人工办理进路过程中,行车调度员应根据现场线路实际情况,通知相关列车司机适当降低运行速度,加强瞭望,确保轨行区作业人员安全。人工办理进路后,车站报告行车调度员进路已办理好,由行车调度员通知司机动车,并要求其经过故障道岔时对道岔位置再次进行确认。

(5) 当折返站所有道岔均有故障时,行车调度员可向司机及车站发令,固定进路折返,司机凭车站手信号折返。

任务3 道岔故障应急处理(二)

任务导入

2011年12月1日7:00,北京地铁大兴线上行列车运行至新宫站站台时,道岔受信号干扰,影响列车通行。地铁部门随即采取列车在天宫院站至西红门站,以及公益西桥站至安河桥北站短交路运行,同时在高米店北站至公益西桥站采用单线双向的列车组织方式,以减少对乘客乘车的影响。7:30左右,故障排除,运行秩序逐步恢复正常。14:00,京港地铁公司通过微博向受到此次地铁故障影响的乘客致歉。

由此可见,道岔故障可能会对正常行车带来较大影响,故障出现后能够按规定程序快速处理,能最大限度地减少损失。所以,每一名相关的岗位人员都需要熟练掌握道岔故障的应急处理程序。

任务描述

假定在城市轨道交通正常运营过程中出现道岔短闪、长闪、灰显等故障,发现故障后,各岗位根据岗位职责、注意事项,按处置流程进行处置。要求:

(1) 能够根据道岔故障的现象判断故障原因,并编写道岔故障处置方案。

(2) 能够按岗位角色分工,演练处置过程。
(3) 在处置过程中,会操作设备,会传递信息,掌握标准化作业方法。

 知识准备

一、基础知识

1. CTC(连续式列车控制)

在连续式通信级(或移动闭塞级),移动授权由轨旁经由无线通道发送到列车,列车通过无线通道建立车、地之间的双向通信来控制列车。在该级别下,室外所有信号机灭灯,司机可根据车载信号以列车自动驾驶/人工驾驶(ATO/SM)模式驾驶列车。

2. ITC(点式列车控制)

点式通信级作为连续式通信级的后备模式,移动授权来自信号机的显示,并通过可变数据应答器由轨旁点式传送到列车。在该级别下,司机根据地面显示和车载信号以 ATO/SM 模式驾驶列车。

3. IXIL(联锁级列车控制)

如果连续式或点式通信级发生故障,作为降级运行模式,可由标准色灯信号机系统为列车提供全面的联锁防护。在该级别下,司机根据地面信号显示驾驶列车。

4. 转辙机故障

转辙机故障是指在 OCC 的显示屏(MMI)上或车站的 LOW 机上不能对转辙机进行正常的操作,或失去表示,造成进路不能正常排列。

5. 车机联控

车机联控是行车有关人员利用无线调度电话,按规定联络,确认行车要求,提示行车安全信息,确保行车安全的互控措施。

6. 呼叫应答制度

呼叫应答制度,即所有无线对讲必须以发起呼叫的形式开始对讲,呼叫应答完毕后再报告事由;在呼叫应答中必须说明列车车次、位置、动态。

二、人工办理进路

当车站道岔发生故障或全线(局部)信号联锁设备发生故障时,需要人工转换道岔准备进路,操作人员为值班站长与站务员各1名。一般城市轨道交通车站人工办理进路的具体要求如下。

1. 使用工具

车站在办理进路的过程中,需要使用对讲机、无线调度电台、端门钥匙与手摇道岔工具包;办理过程中,值班站长使用无线调度电台与车控室进行信息沟通。

手摇道岔工具包中通常应包含以下工具:手摇把、钩锁器、转辙机钥匙、钩锁器铜锁、扳手、车站线路图、红闪灯、荧光衣、手套、手电筒等。

2. 手摇道岔操作流程

1）设置防护

值班站长携带相关工具后赶至对应地点,第一时间设置红闪灯防护。值班站长在跑动过程中应提前将工具包中的红闪灯拿出并交给站务员,同时口呼"设置防护"。值班站长设置防护的位置为转辙机 A 机连接杆前方 4 m,站务员设置防护的位置为转辙机 B 机连接杆后方 4 m,如图 3-8 所示。

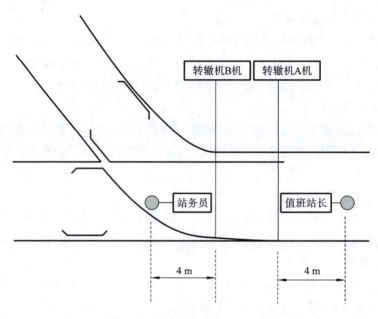

图 3-8　红闪灯设置地点示意图

2）手摇道岔六部曲

值班站长设置防护完毕后,应严格按照"一看、二开、三摇、四确认、五加锁、六汇报"的手摇道岔六部曲完成对道岔的操作,如图 3-9 所示。(注:在"一看"环节中如发现道岔位置正确,无须改变位置,则直接进入"五加锁"环节)

3）操作注意事项

(1) 手摇道岔过程中如长时间听不到"咔嚓"声,值班站长应停止摇动,并查看尖轨与基本轨之间是否夹有异物。如有异物,应反向摇动道岔并将异物取出;如无异物,应及时往反方向摇动一定位置后再次尝试摇到位,如尝试两次后仍无法密贴,值班站长立即报车控室,按车控室要求执行。

(2) 判断尖轨与基本轨密贴的依据:一是听到"咔嚓"声;二是尖轨头端 4 cm 处的空隙不超过 2 mm,如图 3-10 所示。

3. 人工办理进路流程

值班站长在人工办理进路时,应按图 3-11 所示的流程进行处理,作业标准如表 3-2 所示。

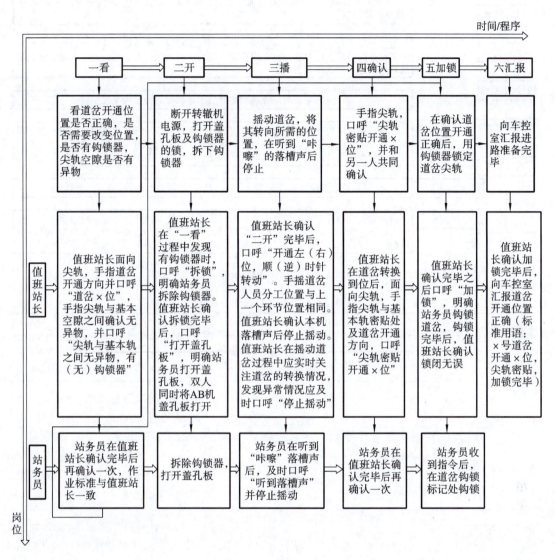

图 3-9 手摇道岔六部曲

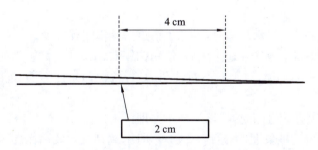

图 3-10 尖轨密贴示意图

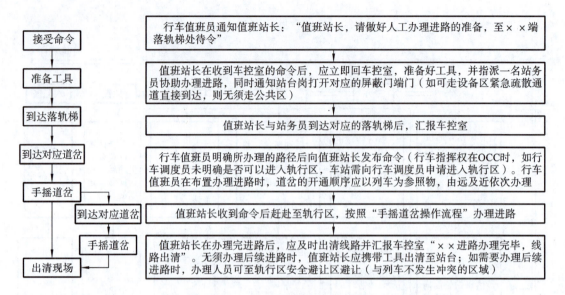

图 3-11 人工办理进路流程

表 3-2 人工办理进路作业标准

人员	车控室	办理人员
步骤	①安排站台:"准备上(下)行接(发)车进路,××号道岔开通左(右)位"	②复诵:"准备上(下)行接(发)车进路,××号道岔开通左(右)位"
	④接站台报告后,复诵:"××号道岔开通左(右)位,尖轨密贴,加锁完毕"	③以列车为参照物,由远及近地准备进路,将进路上的道岔扳向正确位置并加锁(人工钩锁),确认每个道岔开通位置正确后向车控室汇报:"××号道岔开通左(右)位,尖轨密贴,加锁完毕"
	⑥接站台报告后,复诵:"上(下)行接(发)车进路办理完毕,线路出清"	⑤确认进路办理完毕,无异物侵限,人员、工具出清线路,红闪灯撤除后,向车控室报告"上(下)行接(发)车进路办理完毕,线路出清"

4. 注意事项

(1) 当车站发生单副道岔故障时,参照手摇道岔操作流程办理。

(2) 非折返站将本站道岔开通正线后,使用钩锁器钩锁并用铜锁锁死;折返站将折返进路上的道岔使用钩锁器钩锁,对于需不断转动的道岔,铜锁只挂不锁,进路上其余道岔使用铜锁锁死。

(3) 无岔站如需办理进路时,按以下要求办理:

车控室安排站台:"准备上(下)行接(发)车进路,确认站台线路无异物侵限。"

站台岗复诵,确认站台线路及接近区域的轨行区无异物侵限后(无须进入轨行区),汇报车控室:"上(下)行接(发)车进路准备完毕,站台线路无异物侵限。"

任务 4　轨道电路、计轴故障应急处理

任务导入

×月×日 12:29，某地铁 4 号线（见图 3-12）A 站折返线 I 道/II 道计轴受扰，无法正常办理进路，OCC 组织尝试转换道岔不成功后发布抢修令，并组织列车在 D 站上行小交路折返运行，D 站至 A 站下行单线双向运行。15:25 抢修结束，设备恢复正常，全线逐步恢复正常运营。事件造成清客 1 次，最大行车间隔 25 min，组织小交路折返 20 列次；D 站至 A 站单线双向运行 8 列次；单程票退票 310 张、赠票 33 张，免费更新地铁卡 238 张。

图 3-12　某地铁 4 号线示意图

由此可见，当计轴或轨道电路出现故障时，如应急处理不当，会给城市轨道交通运营造成较大影响，所以，应熟练掌握计轴或轨道电路故障应急处理程序。

任务描述

（1）学习城市轨道交通信号系统中的轨道电路和计轴设备的作用。
（2）学习根据轨道电路和计轴故障现象判断故障原因。
（3）学习轨道电路出现故障时的应急处理方法。
（4）学习计轴出现故障时的应急处理方法。
（5）编写轨道电路故障或计轴故障应急处理演练方案，并分岗位进行模拟演练。

知识准备

一、轨道电路的基础知识

1. 轨道电路的定义

轨道电路是以线路的两根钢轨作为导体，两端加以机械绝缘（或电气绝缘），接上送电和受电设备构成的电路。它用来监督线路的占用情况，并将列车运行与信号显示等联系起来，即通过轨道电路向列车传递行车信息。它的性能直接影响行车安全和运输效率。轨道电路由钢轨、钢轨绝缘、轨端接续线、引接线、送电设备及受电设备等组成。最简单的轨道电路如图 3-13 所示。

2. 轨道电路的工作原理

（1）当两根钢轨完整且无车占用，即轨道电路空闲时，电流通过两根钢轨和轨道继电器，使轨道继电器吸起，信号开放。在相应的控制台或人机对话界面上显示白色或绿色光带，表示无车占用。

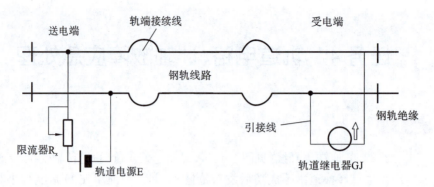

图 3-13 轨道电路示意图

(2) 当列车占用轨道电路时,电流通过机车车辆轮对,轨道电路被分路,使轨道继电器落下,信号关闭。同时,当轨道电路发生断轨、断线时,同样会使轨道继电器落下。在相应的控制台或人机对话界面上显示红色光带,表示物理占用。

3. 轨道电路的分类

(1) 按所传送的电流特性分类,可分为工频连续式轨道电路和音频轨道电路。
(2) 按分割方式分类,可分为有绝缘轨道电路和无绝缘轨道电路。
(3) 按使用处所分类,可分为区间轨道电路、车站轨道电路和车辆段轨道电路。
(4) 接轨道电路内有无道岔分类,可分为无岔区段轨道电路和有岔区段轨道电路。

4. 轨道电路的作用

(1) 监督列车的占用。可以检查和监督股道是否被占用,防止错误办理进路;检查和监督道岔区段有无机车车辆通过,锁闭占用道岔区段的道岔,防止在机车车辆经过道岔时扳动道岔;检查和监督轨道上的钢轨是否完好,当某一轨道电路区段的钢轨折断时,轨道继电器也将因无电而释放衔铁,防护这一段股道的信号机也就不能开放。例如,用于城市轨道交通的交流工频 50 Hz 相敏轨道电路,有监督列车占用的功能,不能传输其他信息。

(2) 传输不同的行车信息。例如,南京地铁 1 号线采用的 FTGS 型数字音频轨道电路,具有检测列车占用和传递 ATP/ATO 信息的功能。经轨道电路传输的信息有前行列车位置、目标速度、目标距离、运行前方信号状态、线路条件、车站停车点、运行方向、紧急停车、运行速度等,为 ATC 系统提供依据。

二、轨道电路故障分析

1. 轨道电路故障的相关概念

(1) 轨道电路故障:在设备故障或异常情况下轨道电路的非正常显示情况,或由轨道电路的非正常情况造成列车紧急制动,从而影响行车的故障。
(2) 断轨:由列车颠覆或其他外力作用造成的钢轨断裂、道岔拉破等断道故障。
(3) 分路不良:当轨道区段有车占用时,有关轨道继电器不落下,控制台或显示器相对应的区段不显示红色光带的现象。
(4) 红光带:当轨道区段没有车占用时,控制台或显示器相对应的区段显示红色光带的现象。

2. 轨道电路故障现象及分析

轨道电路故障现象主要反映在联锁设备的控制台界面上或人机交互设备的显示界面

上。以 SICAS 计算机联锁设备为例,其在调度中心的 MMI 或车站的 LOW 上对每一轨道电路设备的状态都有相关的显示;同时,当轨道电路出现故障时也会有设备故障报警提示。

根据不同的轨道电路区段(含道岔区段)状态,有 6 种优先等级颜色在 MMI 或 LOW 上显示,从高到低分别为灰色、深蓝色、红色、粉红色、绿色或淡绿色、黄色。各种颜色反映的含义如下。

黄色:常态、空闲,没有被进路征用。

绿色:空闲,被进路征用。

淡绿色:空闲,被进路征用为保护区段。

粉红色:逻辑占用。

红色:物理占用。

深蓝色:表示该区段已被封锁,拒绝通过该区段排列进路(如果轨道中部闪烁深蓝色,表示对该区段已进行封锁操作,但对下一条进路才有效)。

灰色:无数据,表示 FTGS 轨道电路设备与 SICAS 计算机联锁设备连接中断。

需要说明的是,从排列进路到列车占用再到出清轨道电路,在 MMI 或 LOW 上显示的黄色、绿色、淡绿色、红色等,以及设置封锁后显示的深蓝色,都是轨道电路处于正常工作状态显示的颜色。判断轨道电路出现故障的现象及分析如下。

(1) 轨道电路区段显示"粉红色":表示"逻辑占用",即操作指令只到达了联锁逻辑层,是计算机联锁逻辑计算故障所致,操作人员可通过"轨区逻空"或"岔区逻空"命令恢复。

(2) 轨道电路区段显示"红色":表示"物理占用",一般是轨道电路出现故障所致,需要立即处理。其原因可能是有列车占用、钢轨被水淹,也有可能是轨道电路回路故障,或是出现断轨等突发情况。行车人员要做出正确判断,并及时处理。

(3) 轨道电路区段显示"灰色":一般是联锁系统发生故障。

本任务将重点讨论轨道电路区段非正常情况下显示红光带和粉红光带的应急处理方法。

三、轨道电路故障的应急处理方法

当轨道电路出现红(或粉红)光带时,进路监控区段的始端信号机将无法开放,以 ATO 或 SM 模式运行的接近列车将自动停车或产生紧急制动,故障区内的列车收不到速度码。出现粉红光带时,行车调度员可以通过下放控制权,指示车站执行"轨区逻空"命令清除故障。出现红光带时,行车调度员在初步查明原因后,可命令司机以 RM 模式限速通过故障区段,并注意瞭望,发现情况应及时采取措施并汇报。

当整个联锁区出现粉红光带时,车站执行"全区逻空"命令后,一般情况下轨道电路可恢复正常;如果不能恢复,行车调度员需按轨旁 ATP 故障处理程序进行处理。当整个联锁区出现红光带时,可以由车站的行车值班员在 LOW 上执行"强行转岔"进行道岔转换。但由于列车位置无法监控,因此必须按联锁系统出现故障时的应急处理办法,采用站间电话联系法或电话闭塞法组织行车。轨道电路区段出现红(或粉红)光带的应急处理办法如图 3-14 所示。

四、轨道电路故障的应急处理程序

当轨道电路出现故障时,运营相关岗位的人员可按以下程序进行应急处理,如图 3-15 所示。当出现故障后,行车指挥人员要迅速、准确地判断故障原因及故障影响,如故障点是

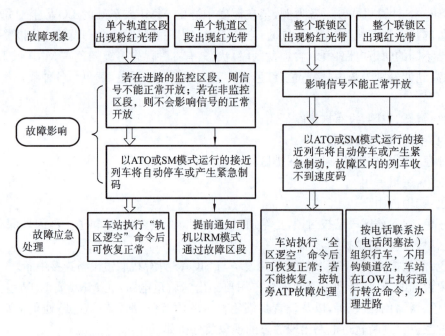

图 3-14 轨道电路区段出现红(或粉红)光带的应急处理办法

否在监控区,是否在道岔区,有无断轨、水淹、异物等,以及列车位置是否影响正常行车,以便采取相应的应对措施。轨道电路出现红光带故障的原因有多种,图 3-15 所示的轨道电路故障的应急处理程序,仅是一般情况下(不存在重大异常情况)运营相关岗位的应急处理程序。若有的轨道电路故障需要抢修,则要按照相应的抢修作业程序进行,如图 3-16 所示。

五、计轴设备的原理及功能

计轴器用以检测列车通过轨道上某一点(计轴点)的车轴数,检查两个计轴点之间或轨道区段内的空闲情况;或可用来判定列车通过计轴点的位置,自动校正列车行驶里程等。

1. 计轴原理

在所监测区段的每一个端口安装一个计轴点,这些计轴点监测在这个轨道区段内运行的列车的轴数及运行方向。每个计轴点通过一根两芯电缆将相关信息传送到运算单元,同时,这条电缆也用来向计轴点供电。

计轴系统用于自动监控计轴区段线路和车站线路,将线路检测区段、道岔和股道显示为"空闲"或"占用"。

计轴系统工作原理:列车从所检测区间的一端出发,驶入计轴区段,经过计轴点时,运算单元对传感器产生的轴信号进行处理、判别及计数,此时轨道继电器落下。发车端不断将"计轴数"及"驶入状态"等信息编码并传给接车端。当列车驶出计轴区段,经过接车端计轴点时,接车端计数,接车端将"计轴数"及"驶出状态"传给发车端。当两端对"计轴数"及"驶入、驶出状态"校核无误后方可使两端轨道继电器吸起,给出所检测计轴区段的空闲信号。

计轴原理如图 3-17 所示。

2. 设备组成

计轴器分为室内和室外设备,室外设备构成及原理如图 3-18 所示;室内设备由运算器

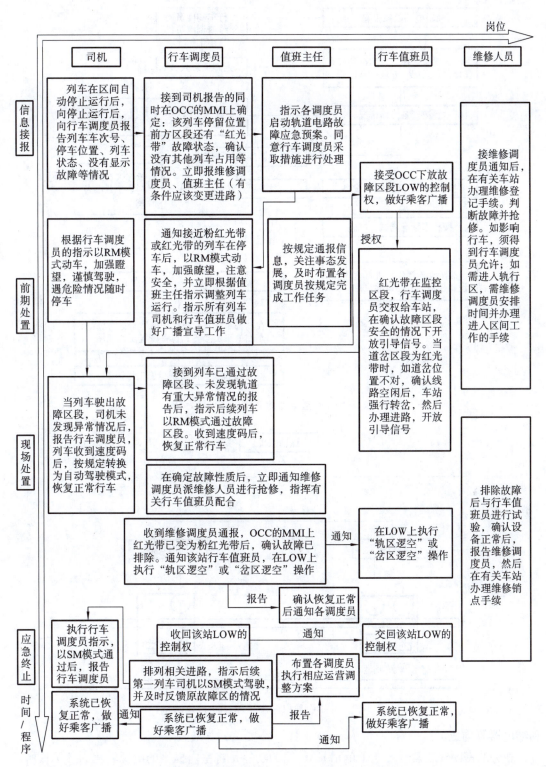

图 3-15 轨道电路故障的应急处理程序

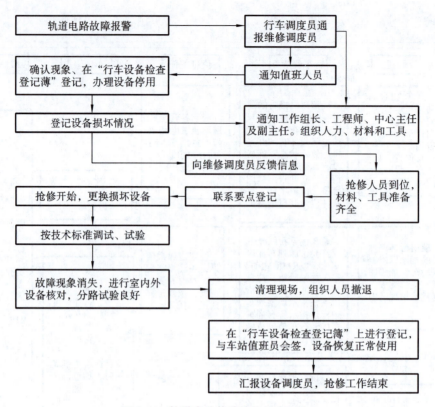

图 3-16　轨道电路故障抢修作业程序

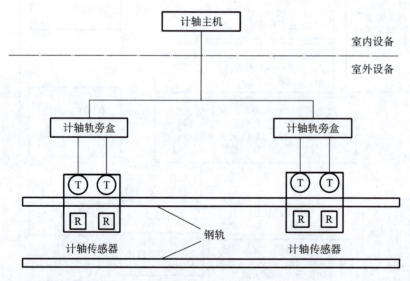

图 3-17　计轴原理(T—发送器;R—接收器)

和继电器等构成。

轨旁的密闭安装盒——电子单元 EAK 箱的功能是将室内提供的电源转化为各单板所需要的电压,向车轮传感器发送磁头提供信号电压,并将车轮传感器接收磁头中感应的信号电压送回盒内,转换成便于远距离传输的数字信号(FSK),送往车站信号机械室计轴主机进行计轴。

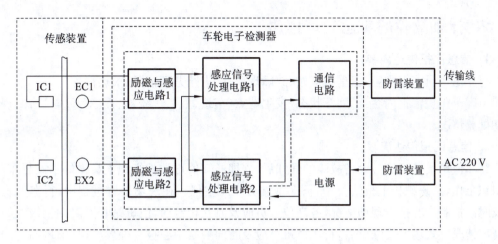

图 3-18 计轴传感器室外设备构成及原理图

计轴评估器(ACE)安装在室内的计轴机笼内,ACE 接收并处理来自 EAK 的数据,判定区段占用状况,向联锁设备发送区段占用或空闲的信息,以及与诊断计算机连接并发送诊断信息。

3. 计轴设备的功能

1) 检查区间有车或无车

计轴区段可以是占用的、出清的或者是受扰的。当一个区段受扰时,调度员可以复位区段,为线路清扫做准备。只有受扰的区段能用这个命令复位,占用和出清的区段不能复位。

当计轴发生故障而产生错误的计轴占用状态,但移动授权单元(MAU)确定该区段无车占用时,系统会在该区段显示一段橙色光带,表示该区段计轴受扰。任何列车均不能正常通过计轴受扰区段。

2) 计轴受扰

计轴区段两端计轴器计数不一致造成无法确定计轴区段的占用情况,并在监控界面上对异常区段的故障进行突出显示。

3) 故障指示

当轨道空闲检测设备受到干扰时,系统给出轨道区段占用表示。操作人员确认系统发生故障后,通知维护维修人员。

知识拓展

与轨道电路相比,计轴设备具有以下特点:
(1) 轨道区段的长度几乎没有限制。
(2) 无须绝缘节。
(3) 不受道床电阻影响。
(4) 在钢轨表面生锈、污染的条件下,仍能可靠、安全地检测列车进出区间。
(5) 对电气化区段牵引回流的连接及接地线无限制。

六、计轴故障的应急处理程序

1. 信息汇报传达内容

行车值班员汇报内容：①呈报车站、故障现象；②进路办理情况、报点信息。

电客车司机汇报内容：①列车状态、发生地点(车站、上下行线、里程标等)、车次；②现场前期处置情况。

2. 信息汇报传达流程

行车值班员接到信号设备故障的通知后,立即通知值班站长组织人员做好本站行车/客运组织工作,值班站长上报站长,站长上报站务中心主任。在现场处置过程中,行车值班员应及时向控制中心报告现场情况,各岗位人员应及时互相沟通,值班站长随时向上级领导报告现场情况。现场处置结束后,行车值班员应及时向控制中心报告处置情况,值班站长向站长进行汇报。信息汇报传达流程如图3-19所示。

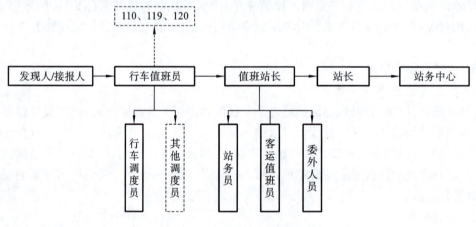

图 3-19　信息汇报传达流程图

注：虚线内容需根据实际情况进行通报

3. 应急处置程序

计轴故障(计轴区段显示红/紫光带)车站应急处置程序如表3-3所示。

表 3-3　计轴故障(计轴区段显示红/紫光带)车站应急处置程序

程序	电客车司机	行车值班员	值班站长	客运值班员	站务员	
					客服中心岗	站台岗
信息接报	接到OCC命令	①发现计轴区段显示红或紫光带后,立即报OCC、值班站长	②接到行车值班员报告计轴区段受扰的信息后,立即启动信号系统故障现场处置方案,至车控室确认			

续表

程序	电客车司机	行车值班员	值班站长	客运值班员	站务员	
					客服中心岗	站台岗
前期处置	按照OCC命令执行	③根据OCC命令,通知值班站长查看现场线路空闲情况	④根据行车值班员通知,现场查看相应线路空闲情况			加强巡视,做好乘客解释工作
现场处置		④将现场查看结果报OCC;根据OCC命令,对相应区段执行预复位命令,并将操作结果报OCC	⑤到车控室监控行车值班员操作LOW			查看站台PIS信息显示内容并监听车站广播,有错误及时汇报车控室
		⑥如预复位命令失败,根据OCC命令,对接近列车开放引导信号				
		⑦按照OCC命令,配合做好运营调整;如列车晚点,及时播放晚点广播	⑧做好客运组织和乘客服务工作	⑧做好乘客解释、退票等客运组织工作	⑧做好乘客解释和退票工作	
		⑨若OCC发布抢修命令,报值班站长	⑩按照《抢修作业车站操作细则》办理			
应急终止	按OCC命令恢复正常驾驶	⑪接到OCC应急终止命令,报值班站长	⑫通知各岗位终止应急方案			

任务 5　列车自动监控(ATS)系统故障应急处理

任务导入

某地铁一联锁区全区信号被封锁事件：2005年12月20日19：18，通号中心值班人员接到维修调度员报告，AMD站联锁区全区信号被封锁。接报后ATS值班人员立即赶到OCC大厅观察故障现象，并通知正线信号值班人员和信号工程师到现场查看情况，经检查未发现控制中心信号设备、现场信号设备和软件有异常。行车调度员立即通知AMD站和ZHM站行车值班员强行站控，解封信号，19：20信号机全部解封成功，信号恢复正常。19：21控制权交回OCC，运营恢复正常。经事后调查，信号封锁是ZHM站相关人员误操作所致。

对信号设备的操作必须严格执行相关规定，在运营时间内封锁某区信号会造成该区及其接近区段内的列车紧急制动，影响正常行车。所以在运营过程中，一旦出现设备异常事件，当值行车人员应尽可能详细地记录当时情况，并将有关情况及时上报；进行应急处理，减少对运营的影响。

任务描述

（1）学习ATS系统的操作方法和故障应急处理方法；
（2）编写ATS系统故障应急处理的演练方案，并分岗位进行模拟演练。

知识准备

一、城市轨道交通信号系统概述

城市轨道交通信号系统是用于指挥和控制列车运行的设备系统。以广州地铁为例，其正线的信号设备主要采用SICAS微机联锁、LZB700列车自动防护、ATO列车自动驾驶等先进设备；车辆段采用国内领先的铁科研TYJL-Ⅱ型微机联锁和6502继电电气集中联锁。

西门子公司的列车自动控制运行(ATC)系统信号联锁设备主要由SICAS微机联锁子系统、列车自动防护(ATP)子系统、列车自动驾驶(ATO)子系统、具备集中和本地操作能力的列车自动监控(ATS)子系统等组成。

ATP子系统主要用于对列车运行进行超速防护，通过对列车运行速度的控制，实现列车运行间隔控制、运行方向监督、车门监控等功能。

ATO子系统是列车自动驾驶系统，能够控制列车自动运行和车站自动停车。在ATP系统的保护下，根据ATS系统的指令，实现列车的自动驾驶、速度的自动调整、列车车门和屏蔽门控制等。

ATS子系统主要是实现对列车运行监督和控制的列车自动监控系统，包括实现列车运行情况的集中监视、自动排列进路、自动列车运行调整、自动生成时刻表、自动记录列车运行实迹、自动进行运行数据统计及自动生成报表、自动监测设备运行状态，辅助调度人员对全线列车进行管理等。

二、ATS 系统的基本组成和功能

1. ATS 系统的基本组成

ATS 系统由控制中心设备、车站设备、车辆段设备、列车识别系统及列车发车计时器等组成。因用户要求不同,ATS 的硬件、软件配置差别很大。

1) 控制中心设备

控制中心设备属于 ATS 系统,是 ATC 的核心;用于状态表示、运行控制、运行调整、车次追踪、时刻表编制及运行图绘制、运行报告、调度员培训、与其他系统接口。控制中心设备组成如图 3-20 所示。

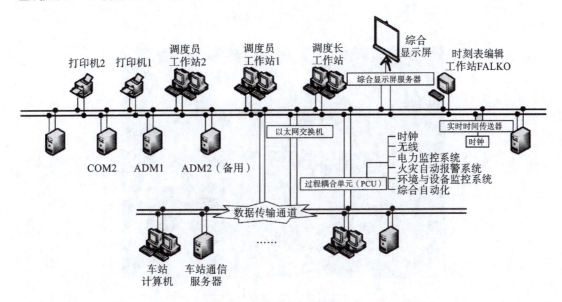

图 3-20　控制中心设备组成

控制中心设备主要包括中心计算机系统、综合显示屏、调度员及调度长工作站、运行图工作站、培训/模拟工作站、绘图仪和打印机、维修工作站、不间断电源(UPS)及蓄电池等。其中,综合显示屏(见图 3-21)、调度员及调度长工作站(见图 3-22)设于主控制室,控制主机、通信处理器、数据库服务器、维修工作站设于设备室,运行图工作站设于运行图室,绘图仪和打印机设于打印室,培训/模拟工作站设于培训室,不间断电源(UPS)设于电源室,蓄电池设于蓄电池室。

2) 车站设备

车站分集中联锁站和非集中联锁站,其设备各不相同。

(1) 集中联锁站设备。

集中联锁站设有一台 ATS 分机,是 ATS 与 ATP 地面设备和 ATO 地面设备的接口,用于连接联锁设备和其他外围系统,采集车站设备的信息,传送控制命令,使车站联锁设备能接收 ATS 系统的控制,以实现车站进路的自动控制。它还可控制悬挂在站台醒目位置上、为乘客提供有关信息的指示系统(passenger information system,PIS),包括列车目的显示器、列车到发时间显示器(见图 3-23)和发车计时器(departure time indicator,DTI)。

图 3-21　综合显示屏

图 3-22　调度员及调度长工作站

图 3-23　列车到发时间显示器

(2) 非集中联锁站设备。

非集中联锁站不设 ATS 分机。非集中联锁站的列车自动识别系统（PTI）、PIS 和 DTI 均通过集中联锁站的 ATS 分机与 ATS 系统联系。有岔非集中联锁站的道岔和信号机由集中联锁站的计算机控制，通过集中联锁站的 ATS 分机接收 ATS 系统的控制命令。

3) 车辆段设备

(1) ATS 分机。

车辆段设一台 ATS 分机，用于采集车辆段内存车库线的列车占用及进/出车辆段的列车信号机的状态，在控制中心显示屏上给出以上信息的显示，以便控制中心、车辆段值班员及车辆管理人员了解段内停车库线列车的车次及车组运用情况，正确控制列车出段。

(2) 车辆段终端。

车辆段派班室和信号楼控制台室各设一台终端，与车辆段 ATS 分机相连，根据来自控制中心的实际时刻表建立车辆段作业计划。

4) 列车自动识别系统（PTI）

PTI 设备是 ATS 进行车次识别及车辆管理的辅助设备，由地面查询器环路和车载应答器组成，用于校核列车车次号。地面查询器环路设于各站。当列车经过地面查询器时，地面查询器可采集到车载应答器中设定的列车车次号，并经车站 ATS 设备送至控制中心，校核是否与中心计算机列车计划中的车次号一致，若不相同则报警并进行修正。

5) 列车发车计时器（DTI）

DTI 设备设于各站，是安装在站台上的提供发车时间的指示系统，如图 3-24 所示。DTI 为列车司机提供车站发车时机、列车到站及晚点情况的时间指示，提示列车按计划时刻表运行。正常情况下，在列车整列进入站台后，DTI 按系统给定站停时间倒计时显示距计划时刻表的发车时间，显示零时指示列车发车；若列车晚点发车，则 DTI 增加停站时间的计时。在特殊情况下，若实施了站台扣车控制，DTI 给出"H"显示；如有提前发车命令，DTI 立即显示零；列车通过车站时 DTI 显示"＝"。

图 3-24 列车发车计时器（DTI）

2. ATS 系统的基本功能

ATS 系统具有下列主要功能：列车运行情况的集中监视和跟踪；列车运行实迹的自动记录；时刻表自动生成、显示、修改和优化；自动建立进路；按行车计划自动控制道旁信号设备以接发列车；列车运行自动调整；列车运行和设备状态的自动监视；调度员操作与设备状态记录，运行数据统计及报表自动生成；运输计划管理、输出及统计处理；实现沿线设备及列车与控制中心之间的通信；列车车次号自动传递；车辆修程及乘务员管理；系统故障复原处理；列车运行模拟及培训；旅客信息显示。

1) 列车监视和跟踪

列车监视和跟踪的功能，即进行在线列车的监视、跟踪，车次的移位及显示。列车监视是用计算机来再现列车的运行。列车运行由轨道空闲和占用信号来驱动，列车由车次号来识别。ATS 给 MMI、旅客信息显示系统、模拟线路表示盘提供列车位置和车次号。

列车车次号是 ATS 功能的先决条件，当列车由车辆段或其他地点进入正线运行时，ATS 系统将根据计划时刻表自动给计划车加入车次号。调度员也可人工输入或删除车次号。车次号从列车在车辆段开始至全部正线连续追踪，在中心表示盘及显示器上的车次窗内随着列车运行的位置动态显示，调度员可人工修改，并能根据车次查出对应车组号。

2) 时刻表处理

时刻表处理，包括安装、修改、存储时刻表，描绘、显示和打印实迹运行图。

ATS 系统提供时刻表编制用的数据库，通过调度员的人工设置，如站停时间、列车间隔、轨道电路布置等数据产生计划时刻表。每天运营前将当日使用的计划时刻表从控制中心传至车站 ATS 分机。

系统存储有适合不同运行情况的多套时刻表，根据时刻表自动完成列车车次号的跟踪与更新。

控制中心 ATS 根据列车运行的实际情况自动绘制列车实迹运行图。系统随时对时刻表的状态进行比较，利用车次号和列车位置可以对列车的计划位置和实际位置进行比较。在发生偏离（早点或晚点）时，通过适当的显示通知调度员，且自动产生相应的纠正措施。

3) 自动建立进路

控制中心能对列车进路、信号机、道岔实现集中控制，可根据当日列车运行计划时刻表自动控制列车运行，包括自动办理正线各种进路并控制办理的时机，自动控制列车驶入、离开正线的时机，自动控制车站列车停车时间及发车时机。必要时，通过办理控制权转移手续，可将控制权转移至车站。

调度员必要时可以进行人工控制，包括人工建立及取消正线各种进路等。调度员的人工控制命令在执行前均由中心计算机检查其合理性，并给出提示。

自动建立进路的功能是形成控制道岔位置的命令和在适当时间向信号系统发送这些命令。将列车车次号和位置信息、道岔位置和已选信号系统的信息提供给自动建立进路系统，命令的输出由接近列车的监测和进路计划来控制。

4) 列车运行自动调整

不断地对计划时刻表与实际时刻表进行比较，通过自动调整停站时间，使列车按计划时刻表运行，在此基础上自动产生列车的出发时间。在装备有 ATO 的线路上，能通过对列车运行等级的设置，实现对列车运行的自动调整。调度员也可通过人工调整列车停站时间来调整列车运行。

5) 旅客信息显示

旅客信息显示是用来通知等待的乘客下一列车的目的地和到达时间。

6）监测与报警

监测与报警即及时记录被监测对象的状态，有预警、诊断和故障定位能力；监测列车是否处于 ATP 保护状态；监测信号设备和其他设备接合部的有关状态，具有在线监测与报警能力；监测过程应不影响被监测设备的正常工作。

在相应工作站上，报告所有故障报警的状况并予以视觉提示，直到恢复正常状态为止。重要的故障报警以音响提示，直到确认报警状况为止。

三、ATS 系统故障现象及处理方法

ATS 系统发生故障时可能出现的现象很多，故障原因也不尽相同，如所有中央 ATS 工作站反应缓慢，或均不能操作命令，画面不能更新；ATS/LOW 工作站无法操作；所有中央 ATS 工作站及大屏显示某一联锁区全灰，联锁区内无列车信息，列车车次位置不能更新；中央 ATS 工作站显示车次号发生上下行跳跃或出现错误车次号；部分进路不能排列，点击始端信号机没有反应；中央或车站 ATS/LOW 工作站显示器黑屏；中央 ATS 工作站显示列车压过轨道，出现绿光带等。故障原因通常为 ATS 服务器故障、通信中断、工作站死机、ATS 软件出错、联锁故障、ATS 软件进程出错、线路接触不良等。

不同故障的处理方法和流程不同。以下是某地铁公司 ATS 系统几种故障情况的处理方法：

（1）LOW 故障的处理流程如图 3-25 所示。

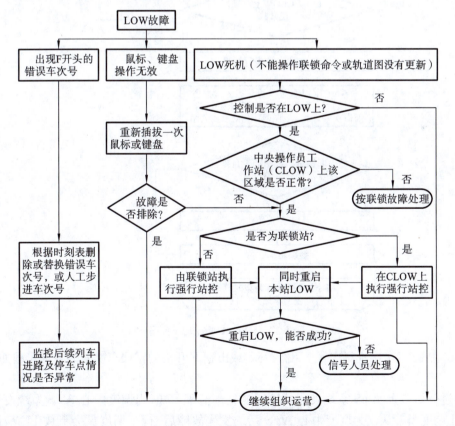

图 3-25　LOW 故障的处理流程

(2) CLOW 死机故障的处理流程如图 3-26 所示。

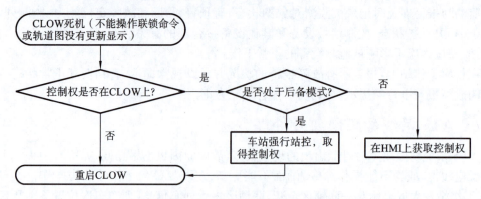

图 3-26　CLOW 死机的故障处理流程

(3) 所有的 HMI 均不能操作命令或反应缓慢，或不能更新，或出现大量车次窗不停闪烁（或 HMI 全灰）的处理流程如图 3-27 所示。

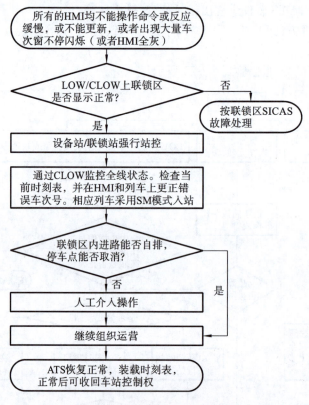

图 3-27　HMI 故障的处理流程

(4) 在 HMI 上出现车次号上下行跳跃，或出现 F 开头的错误车次号的处理流程如图 3-28 所示。

通过分析以上 ATS 系统发生故障时的处理流程可知，当调度中心 ATS 系统发生故障时，行车调度员确认仅为调度中心 ATS 系统发生故障后，行车调度员会下放 LOW 控制权给车站，并要求车站的行车值班员监视各自区域的列车运行状况。因为当 ATS 子系统中央

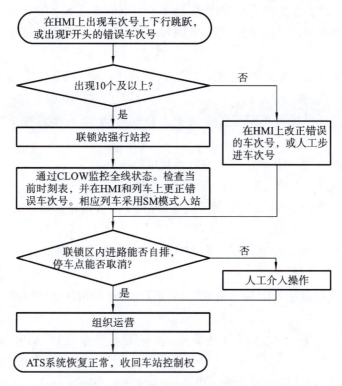

图 3-28　在 HMI 上出现错误车次号的处理流程

设备故障导致设备与车站连接中断时,系统自动激活 ATS 远程单元(RTU)降级模式,所以车站行车值班员应确认 LOW 工作站上的车站级自动运行模式能否激活,如果车站级自动运行模式能激活,则列车运行基本不受影响;如果车站级自动运行模式不能激活,则行车值班员要在 LOW 上直接手动操作排列进路、取消运营停车点等。同时,司机会根据行车调度员的指示,采用 SM 或 RM 模式驾驶。最后,维修人员排除故障后,行车调度员通知车站行车值班员收回 LOW 控制权,随后通知相关人员恢复正常运营。

任务6　列车自动防护(ATP)系统故障应急处理

任务导入

某地铁 9 号线(见图 3-29)H 联锁区轨旁 ATP 故障处理如下。

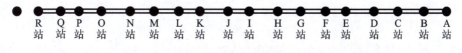

图 3-29　某地铁 9 号线示意图

事故经过:

16:23,多次列车报区间产生紧急制动,N 站至 A 站发生轨旁 ATP 故障。

16:23,行车调度员报值班主任,报维修调度员。值班主任下令按 ATP 应急预案处理。

16:24,行车调度员向全线司机发令,区间各次列车以 RM 模式进站待令,在站列车就地待令。

16:25,行车调度员向全线车站发令,由于 H 联锁区轨旁 ATP 故障,全线各次列车均有调整,各站做好乘客服务。

16:26,值班主任安排行车调度员 1 负责上行列车动车,行车调度员 2 负责下行列车动车。

16:27,故障恢复,多个区段红光带进行预复位处理。

16:28,行车调度员对全线列车进行调整,全线限速。

16:34,M 站上行 0910 次紧急制动无法缓解,行车调度员布置切 ATP 运行到 L 站恢复后升级。

16:40,P 站上行 0310 次紧急制动无法缓解,行车调度员布置切 ATP 运行到 O 站恢复后升级。

16:42,0910 次报恢复 AIP 后升级成功,可正常运行,行车调度员布置列车限速 30 km/h 运行。

16:57,C 站上行 1510 次 RM 无法升级,行车调度员布置切 ATP 运行至 A 站后恢复 ATP。

16:58,0310 次恢复 ATP 后升级成功,行车调度员发令限速 30 km/h 运行。

17:01,N 站上行 0112 次紧急制动无法缓解,行车调度员布置切 ATP 运行到 M 站恢复后升级。

17:09,0112 次恢复 ATP 后升级成功。

17:14,O 站上行 0412 次紧急制动无法缓解,行车调度员布置切 ATP 运行到 N 站恢复后升级。

17:18,0412 次恢复 ATP 后升级成功。

17:30,全线取消限速,调整列车运行。

17:57,全线列车运行秩序恢复正常。

故障影响:

上行 1310 次晚点 593 s,下行 0711 次晚点 269 s。后续列车排队晚点。故障恢复时间较长,1.5 h 后运行秩序才得以恢复。

由以上案例可知,ATP 故障可导致列车紧急制动,部分列车需切 ATP 运行,故障影响面大,所以各行车岗位应熟知并能够运用 ATP 故障应急处理程序。

任务描述

(1) 学习 ATP 系统的基本组成和功能。

(2) 学习 ATP 系统发生故障时的应急处理方法。

(3) 学习并理解车载 ATP 系统故障处理程序和轨旁 ATP 系统故障处理程序。

(4) 根据车载 ATP 系统故障处理程序和轨旁 ATP 系统故障处理程序编写 ATP 系统

故障应急处理的演练方案,并分岗位进行模拟演练。

一、ATP 系统概述

ATC 系统中的 ATP 子系统是保证行车安全、防止列车进入前方列车占用区段和防止列车超速运行的设备。目前,各城市轨道交通系统使用的 ATP 系统不尽相同,具体体现在 ATP 系统的工作原理及设备上,但基本功能及设备组成是接近的。

1. ATP 系统组成

ATP 系统一般由轨旁设备和车载设备两部分组成。

1) ATP 轨旁设备组成

ATP 轨旁设备主要由 ATP 轨旁单元和相关的发送(接收)设备组成,根据 ATP 系统模式的不同而配备不同的设备。以轨道电路为信道的轨旁核心设备即轨道电路与应答器等信标,以交叉感应环线为信道的轨旁核心设备即感应环线,以无线电磁波为信道的轨旁核心设备即为数较少的定位应答器信标。

2) ATP 车载设备组成

ATP 车载设备一般由 ATP 车载单元、测速装置和接收(发送)装置组成。ATP 系统中,常用的车载设备配备方式有以下 3 种:

(1) 列车两头各一套车载 ATP 设备,互为备用。

(2) 列车两头各一套车载 ATP 设备,但相互独立,只控制各自的行驶方向。

(3) 只配备一套车载设备。

广州地铁 1 号线信号车载设备安装在 A 车(客车按 A-B-C-C-B-A 的编组方式运行),A 车每端各有一套设备,两套设备不互为备用。每一辆 A 车安装有 ATO 车载单元一套、ATP 车载单元一套、速度脉冲发生器两个,ATP 天线两个、PTI 天线一套。其中,ATP 车载单元、速度脉冲发生器和 ATP 天线属于 ATP 车载设备。另外,在车辆驾驶室的显示器上安装有信号显示软件。

2. ATP 的功能和特点

1) 保护区段和停车点的保护

ATP 可对保护区段和停车点加以保护。

2) 距离测量

为实现 ATP 车载单元的安全功能,ATP 车载单元必须实时掌握车辆位置。距离测量为 ATP 单元的重要功能(如速度检查、开门位置的确定)提供依据。

3) 实际速度的测量

列车的实际速度是借助于距离测量功能而进行计算的。列车的实际速度测量是走行距离除以时间,这个过程以给定的时间间隔被连续重复执行。列车的实际速度被连续测量,用于速度监督。

4）速度监控

(1) 对最大速度的监控。

监控值由实际速度、设计公差(4 km/h)和相应模式中确定的最大恒定速度产生。当列车以高于规定的最大速度加上一个设计公差的速度行驶时，ATP将启动紧急制动。

(2) 紧急制动情况下的速度监控。

列车是否停止的信息从计算的列车速度中产生。当收到紧急停车报文时，如果列车还未停止，而且不是以RM模式运行，ATP将启动紧急制动。

(3) 无任何距离信息的速度监控。

列车启动以后，ATP车载单元没有得到车辆已通过轨道电路的消息，ATP车载单元不能对制动曲线进行监控，但它可以完成简单的静态速度监控，监控速度是在这一轨道信息段有效的最大限制速度。

(4) 具有距离信息的速度监控。

具有距离信息的速度监控包括以下5项内容：

①停车点监控；

②对速度限制区段的监控；

③对进入下一轨道信息段时的速度的监控；

④对速度限的监控；

⑤对车辆最大速度的监控。

5）列车追踪间隔

列车追踪间隔功能保证了对列车运行的控制，避免发生列车相撞。

6）安全限被侵犯情况下的紧急制动

通过按压设在车站站台上的紧急停车按钮，紧急停车的报文信息由ATP轨旁单元通过轨道电路发送到列车，发送信息的轨道电路区段为站台区和离去区段，紧急停车报文的发送等效于轨道电路的占用。ATP车载单元收到紧急停车报文后，启动紧急制动，直到列车停稳。

7）运行方向的监督

在正线和试车线上，接收到轨旁设备发送的报文后，车载ATP单元对列车的运行方向进行监督，不允许列车倒行；当列车倒行超过2 m时，ATP产生紧急制动，当列车再次倒行超过0.5 m时，ATP产生紧急制动。

8）车门监控

ATP车载单元防止在站外开门和在站内开错门；另外，列车在车门未全部关闭时运行，ATP会产生紧急制动。

9）列车自动折返监控

自动折返运行模式使列车在终点站能够自动折返(包括无人折返)。在这种模式下，列车在ATP系统的控制下运行，即ATP车载单元通过速度曲线连续对列车的运行进行监督。

10）列车故障信息和紧急制动的记录

ATP车载单元有存储模块和诊断接口。当车载设备发生故障或列车发生紧急制动时，故障信息或紧急制动信息会被储存,车载单元的一些状态也会被记录。如果需要,可通过笔记本电脑读取存储的数据,分析故障原因,了解故障发生的时刻、地点。

3. 列车运行模式的基本特征及运用

列车运行模式主要有 ATO 模式、AR 模式、SM 模式、RM 模式和 NRM 模式。

1) ATO 模式(列车自动驾驶模式)

ATO 模式,即列车在正线的正常运行(包括折返线和试车线)模式。该种模式下,两站间的列车自动运行,列车的运行不取决于司机。司机负责监督 ATP/ATO 指示,列车状况,所要通过的轨道、道岔、信号的状态,必要时加以干预。

2) AR 模式(自动折返模式)

列车在折返站和具有换向功能的轨道区段使用 AR 模式。AR 模式包括列车的自动换向和有折返轨的自动折返。其中,有折返轨的自动折返又可分为人工折返和无人折返。

3) SM 模式(受 ATP 监督的人工驾驶模式)

SM 模式是列车在 ATO 发生故障等情况下的降级运行模式。在 SM 模式下,司机必须根据显示屏显示的推荐速度驾驶列车,当实际速度在推荐速度-1 km/h 到推荐速度$+4$ km/h 的范围时,会有声音报警;当实际速度大于推荐速度 4 km/h 时,ATP 产生紧急制动,司机负责监督列车状况及所要通过的轨道、道岔、信号的状态。司机以 SM 模式驾驶时,主手柄的警惕开关必须保持"按下"状态,否则会产生紧急制动。司机以 SM 模式驾驶列车进站,停车在停车窗内,ATP 给出门释放命令后,司机手动开门。

4) RM 模式(受限制人工驾驶模式)

RM 模式是列车在车辆段运行时,或联锁、轨道电路、ATP 轨旁设备出现故障后采用的运行模式。在该模式下,列车由司机驾驶,司机负责监督 ATP/ATO 指示显示、列车状况,以及所要通过的轨道、道岔、信号的状态,速度不能大于 25 km/h,ATP 只提供 25 km/h 的超速防护。

5) NRM 模式(非限制人工驾驶模式)

当车载 ATP 设备故障或联锁设备故障后采用降级行车组织办法时,使用 NRM 模式。在该模式下,列车的运行完全由司机负责,没有ATP的监控。

4. 列车的运行

1) 列车正常运行

在所有设备正常的情况下,列车按照设计的模式运行。因车辆段没有安装轨旁 ATP 设备,且联锁设备为 6502 电气集中联锁或微机联锁,与 ATP 设备没有接口关系,列车在这段范围内只能以 RM 模式运行,车载 ATP 提供 25 km/h 的超速防护。对于列车在正线的运行,根据列车运行的性质可分为折返运行和非折返运行。非折返正常运行是指列车在正线线路上的正常运行。列车的折返运行分为自动折返和非自动折返,自动折返包括无折返轨的折返(换向)和有折返轨的折返。

2) 信号设备发生故障时的列车运行

信号设备发生故障时将影响列车的运行,但在所有的信号设备故障中,影响列车改变运行模式的只有以下 4 类:联锁设备(包括道岔、信号机)故障、轨旁 ATP 故障、轨道电路故障、车载信号设备故障。其中,联锁设备和轨旁 ATP 设备发生故障时,列车只能以 RM 模式运行。车载信号设备发生故障,可根据故障设备的情况采用相应的运行模式:ATO 设备发生故障时,若轨旁设备(联锁、ATP、轨道电路)和车载 ATP 正常,列车以 SM 模式运行;否则只能以 RM 或 NRM 模式运行。

二、ATP 系统故障应急处理方法

ATP 系统故障根据设备位置的不同,一般可分为车载 ATP 系统故障和轨旁 ATP 系统故障两类。

ATP 设备发生故障时,会导致列车接收不到速度码、列车产生紧急制动等情况。

列车在区间运行发生紧急制动时,若列车司机能够明确发生紧急制动的原因,在确认前方进路安全的情况下,首先转换为 RM 模式驾驶列车,再向行车调度员报告;当以 RM 模式驾驶列车未能在规定范围内恢复成 SM 模式或 ATO 模式时,应报告行车调度员,按其指示运行到前方站。

若列车司机不能够确定发生紧急制动的原因,应立即向行车调度员报告,按行车调度员的指示执行。

当列车突发车载 ATP 系统故障时,列车会产生紧急制动,行车调度员在确认故障暂时无法排除后,指示故障车司机将 ATP 切除后,以 NRM 模式运行,并要求故障车所在车站的行车值班员指派站务人员作为故障列车"监督员"上车,协助列车司机瞭望,监控速度表,提醒司机控制速度,必要时及时按压紧急停车按钮,直至列车到达终点站(或有存车线的中间站)且退出运营。

在故障车运行过程中,行车调度员要密切关注全线列车的运行间隔,保证故障车按规定的行车间隔运行(比如一站两区间以上)。

当轨旁 ATP 系统突发故障时,行车调度员在确认故障位置后,除通知设备维修调度员及时组织抢修外,还要命令司机以 RM 模式谨慎通过故障地点。通过故障地点后,在车载 ATC 系统的允许下恢复 SM/ATO 模式运行。在故障没有排除前,行车调度员还要加强对行车间隔的监控,保证列车按规定的间隔运行。

当 ATP 轨旁设备发生较大范围的故障时,由于列车以 RM 模式限速 25 km/h 运行,较大区域的通过能力受限,因此行车调度员需对全线列车进行多停或折返,减缓全线列车的运行速度,必要时行车调度员还可以采用下线的方式使一部分列车退出服务,从而避免产生列车阻塞现象。

同时,也可由调度长决定是否在故障区采用 NRM 模式驾驶或改用电话闭塞法组织行车。

三、ATP 系统故障应急处理程序

车载 ATP 系统故障应急处理程序如图 3-30 所示。
轨旁 ATP 系统故障应急处理程序如图 3-31 所示。

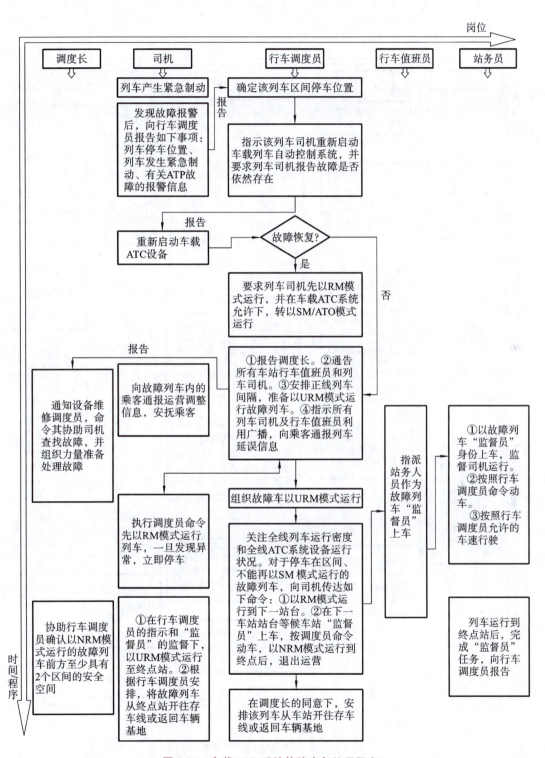

图 3-30 车载 ATP 系统故障应急处理程序

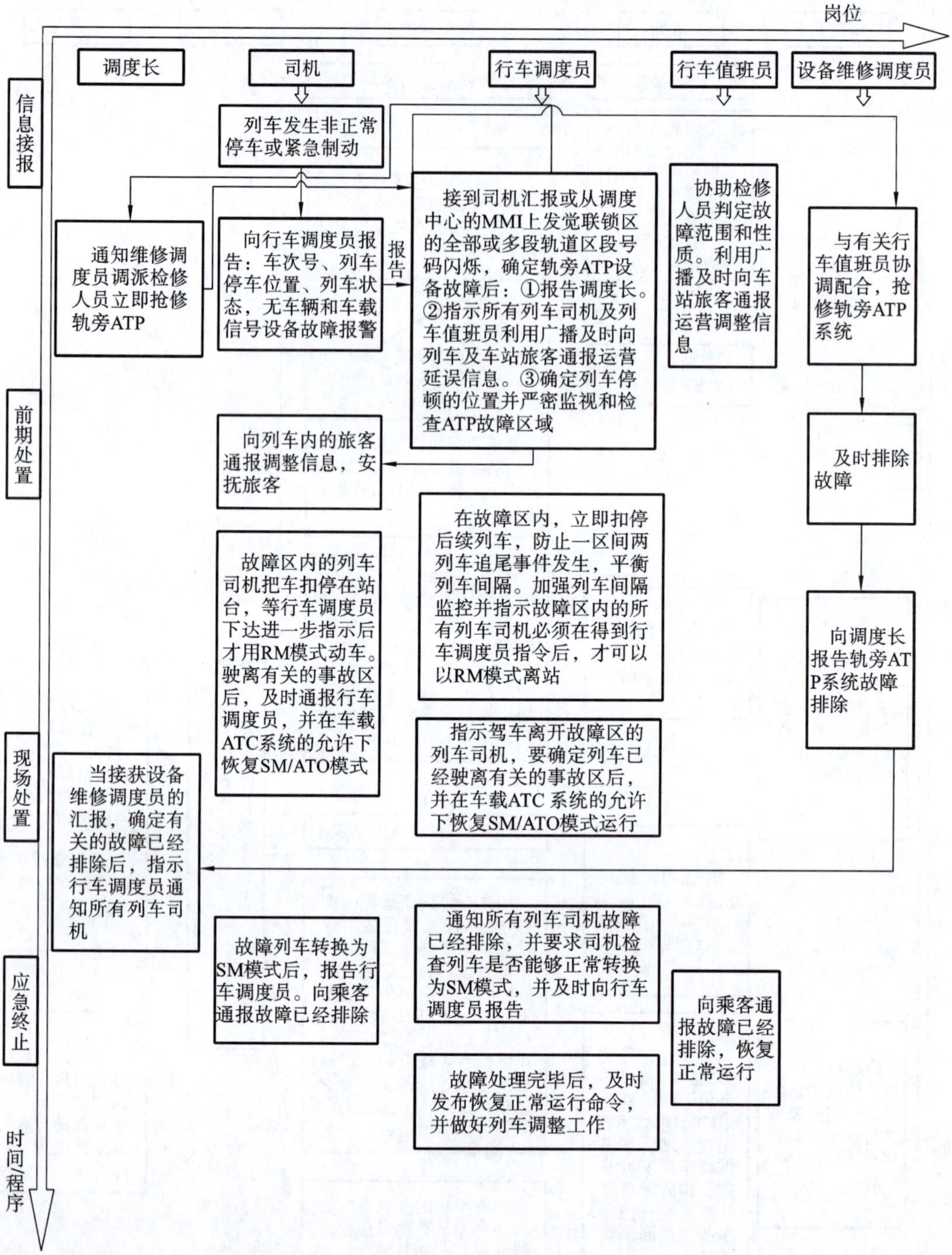

图 3-31 轨旁 ATP 系统故障应急处理程序

岗位： 调度长 | 司机 | 行车调度员 | 行车值班员 | 设备维修调度员

时间程序： 信息接报 / 前期处置 / 现场处置 / 应急终止

信息接报阶段：

- 司机：列车发生非正常停车或紧急制动
- 调度长：通知维修调度员调派检修人员立即抢修轨旁ATP

前期处置阶段：

- 司机：向行车调度员报告：车次号、列车停车位置、列车状态，无车辆和车载信号设备故障报警
- 行车调度员：接到司机汇报或从调度中心的MMI上发觉联锁区的全部或多段轨道区段号码闪烁，确定轨旁ATP设备故障后：①报告调度长。②指示所有列车司机及列车值班员利用广播及时向列车及车站旅客通报运营延误信息。③确定列车停顿的位置并严密监视和检查ATP故障区域
- 行车值班员：协助检修人员判定故障范围和性质。利用广播及时向车站旅客通报运营调整信息
- 设备维修调度员：与有关行车值班员协调配合，抢修轨旁ATP系统
- 司机：向列车内的旅客通报调整信息，安抚旅客

现场处置阶段：

- 司机：故障区内的列车司机把车扣停在站台，等行车调度员下达进一步指示后才用RM模式动车。驶离有关的事故区后，及时通报行车调度员，并在车载ATC系统的允许下恢复SM/ATO模式
- 行车调度员：在故障区内，立即扣停后续列车，防止一区间两列车追尾事件发生，平衡列车间隔。加强列车间隔监控并指示故障区内的所有列车司机必须在得到行车调度员指令后，才可以以RM模式离站
- 行车调度员：指示驾车离开故障区的列车司机，要确定列车已经驶离有关的事故区后，并在车载ATC系统的允许下恢复SM/ATO模式运行
- 设备维修调度员：及时排除故障
- 设备维修调度员：向调度长报告轨旁ATP系统故障排除
- 调度长：当接获设备维修调度员的汇报，确定有关的故障已经排除后，指示行车调度员通知所有列车司机

应急终止阶段：

- 司机：故障列车转换为SM模式后，报告行车调度员。向乘客通报故障已经排除
- 行车调度员：通知所有列车司机故障已经排除，并要求司机检查列车是否能够正常转换为SM模式，并及时向行车调度员报告
- 行车调度员：故障处理完毕后，及时发布恢复正常运行命令，并做好列车调整工作
- 设备维修调度员：向乘客通报故障已经排除，恢复正常运行

实训任务 1　设备故障应急处理

【任务目标】

（1）能够根据故障现象，初步判断故障原因；

（2）能够根据故障现象，判断行车组织方法；

（3）能够综合考虑时间、地点、现象、背景等多重因素，根据故障现象判断行车组织方法。

【任务实施】

1. 课前准备

罗列在前导课程中所学的 ATS 设备操作中常出现的故障现象及处理方法，或了解所在城市的轨道交通信号系统故障现象，或通过网络查阅资料，了解信号系统故障及处理方法。

2. 课中学习

根据本任务所学知识，在实训中心或一体化教室的 ATS 设备或模拟设备上，分组（4~6人）练习故障处理方法、操作步骤，各岗位故障应急处理流程。要求不仅能够按应急流程进行处理，而且能够正确操作设备，能够说明使用的条件或时机。

【任务评价】

实训任务 1　设备故障应急处理			
考 核 内 容	分　　值		考 核 得 分
1. 对信号设备故障应急处理的流程与方法的掌握情况	40		
2. 演练方案的完成情况（汇报效果）	20		
3. 演练过程考核（团队分工、角色设置、处理程序）	30		
4. 课堂表现及职业素养	10		
总体评价			
教师评价 （40%）	小组自评 （30%）	小组互评 （30%）	学生姓名
		分数	

实训任务 2　轨道电路故障的应急处理流程及演练

【任务目标】

掌握轨道电路出现故障后的应急处理流程。

【任务实施】

1. 组织形式

每个学习小组按涉及的岗位设置 OCC 值班主任、OCC 行车调度员、电客车司机、行车值班员、维修调度员、维修人员、站务员等角色，按轨道电路故障的应急处理流程进行演练。

2. 设备准备

运营实训中心、ATS 信号系统、OCC 的 ATS 操作工作站、车站 LOW 设备。

3. 演练准备

根据图 3-15 或表 3-3 编制演练过程写实表。可参考线路信号平面示意图，如图 3-32 所示。

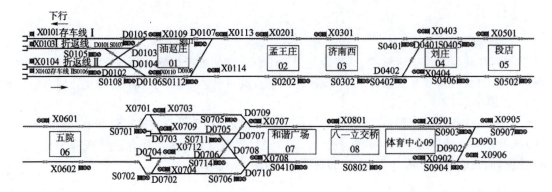

图 3-32　线路信号平面示意图 1

4. 演练过程及评价

（1）学习、讨论轨道电路故障或计轴故障的原因和处理方法、处理程序。

（2）教师在教师机上指定车站或随机设置轨道电路故障点，按不同的车站、OCC 及相关岗位，分工种进行演练，其他车站、司机进行配合。如有条件，可以进行"三联动"演练。

（3）教师指导、组间互评。要求：信息汇报流程合理，演练步骤符合实际，各岗位处置得当、用语标准、操作设备正确且规范。

5. 拓展提高

（1）对于轨道电路故障的处置方法，在车站和车辆段内有何异同？

（2）轨道电路故障或计轴故障对正常运营会造成哪些影响？有哪些行车组织应对措施？

注意：由于不同城市轨道交通运营企业的设备和要求不完全相同，具体要求参照相应的行车组织规则的规定。

【任务评价】

实训任务 2　轨道电路故障的应急处理流程及演练		
考核内容	分　值	考核得分
1. 掌握轨道电路出现故障后的应急处理流程	40	

续表

考核内容	分值	考核得分
2. 演练方案的完成情况（汇报效果）	20	
3. 演练过程考核（团队分工、角色设置、处理程序）	30	
4. 课堂表现及职业素养	10	
总体评价		
教师评价（40%）	小组自评（30%）	小组互评（30%）	学生姓名	
			分数	

实训任务 3　ATP 系统故障的应急处理流程及演练

【任务目标】

掌握 ATP 系统出现故障后的应急处理流程。

【任务实施】

1. 组织形式

每个学习小组按涉及的岗位设置 OCC 值班主任、OCC 行车调度员、电客车司机、行车值班员、维修调度员、站务员等角色，按 ATP 系统故障的应急处理流程进行演练。

2. 设备准备

运营实训中心、OCC 的 ATS 信号系统、车站 LOW 设备、其他相关设备，达到"二联动"状态。

3. 演练准备

根据图 3-30、图 3-31 所示的 ATP 系统故障应急处理程序编制演练过程写实表。要求：参考线路信号平面示意图 2（见图 3-33），在图中设置演练方案中的列车位置，并设置 ATP 轨旁故障点或故障列车位置。

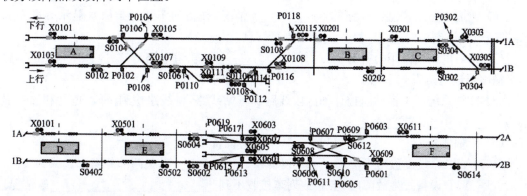

图 3-33　线路信号平面示意图 2

注意：不同的城市轨道交通运营企业的设备和要求不完全相同，具体要求参照相应的行车组织规则的规定。

【任务评价】

实训任务3 ATP系统故障的应急处理流程及演练				
考 核 内 容		分　　值		考 核 得 分
1. 掌握ATP系统出现故障后的应急处理流程		40		
2. 演练方案的完成情况（汇报效果）		20		
3. 演练过程考核（团队分工、角色设置、处理程序）		30		
4. 课堂表现及职业素养		10		
总体评价				
教师评价（40%）	小组自评（30%）	小组互评（30%）	学生姓名	
			分数	

思考与练习

1. 填空题

（1）信号系统故障按地点可分为_____和_____。

（2）信号系统故障按故障设备分为_____、道岔故障、轨旁ATP设备故障、_____和其他信号故障。

（3）发现信号故障，故障发现人应第一时间将故障时间、地点、_____、_____及本人姓名、岗位报告OCC（DCC）。

（4）进路是指列车或调车车列由一个地点到另一个地点所运行的径路，分为_____进路和调车进路。进路是由道岔位置决定的，通常始端和终端由_____防护。

（5）道岔正常情况下的操作：遥控操纵、_____锁闭。道岔故障情况下的操作：现场手摇、_____锁闭。

（6）轨道电路用来监督线路的_____情况，并将列车运行与信号显示等联系起来，即通过轨道电路向_____传递行车信息。

（7）轨道电路按使用处所分类，可分为_____轨道电路、_____轨道电路和车辆段轨道电路。

（8）计轴系统用于自动监控计轴区段线路和车站线路，将线路检测区段、道岔和股道显示为"_____"或"_____"。

（9）计轴器分为_____和_____设备。

（10）ATP系统一般由_____设备和_____设备两部分组成。

（11）ATP设备发生故障时，会导致列车接收不到_____、_____等情况。

（12）ATS系统由_____设备、_____设备、车辆段设备、列车识别系统及列车发车计时器等组成。

(13) 当 ATS 子系统中央设备故障导致设备与车站连接中断时，系统自动激活_____降级模式。

2. 名词解释

(1) 信号系统故障。

(2) NRM。

(3) 机车联控。

(4) 呼叫应答制度。

3. 选择题

(1) 道岔 kick-off 判断故障时，LOW 机上显示（　　）。

A. 短闪　　　　　　B. 长闪　　　　　　C. 灰显　　　　　　D. 标号闪烁

(2) (　　)表示道岔挤岔故障。

A. 短闪　　　　　　B. 长闪　　　　　　C. 灰显　　　　　　D. 标号闪烁

4. 判断题

(1) 限制人工驾驶模式下，列车的监控、运行、制动及开关车门由司机操作，车载设备对列车速度进行 25 km/h 的超速防护。（　　）

(2) 联锁设备故障时，各车站可在 OCC 的指令下视情况组织电话闭塞行车。（　　）

(3) 道岔故障时进行应急处置，应综合考虑时间、地点、现象、背景等多重因素。（　　）

(4) 道岔红光带故障，OCC 可组织列车以 SM 模式运行。（　　）

(5) 无车占用时，轨道电路区段显示"红色"，表示"物理占用"，一般是轨道电路出现故障所致，需要立即处理。（　　）

(6) 电子连接箱是室外设备。（　　）

(7) 当轨旁 ATP 系统突发故障时，行车调度员在确认故障位置后，除通知设备维修调度员及时组织抢修外，还要命令司机以 RM 模式谨慎通过故障地点。（　　）

(8) 列车在区间运行发生紧急制动，若列车司机能够明确发生紧急制动的原因，在确认前方进路安全的情况下，首先转换 RM 模式运行，再向行车调度员报告。（　　）

(9) 当 ATS 子系统中央设备故障导致设备与车站连接中断时，车站行车值班员应确认 LOW 工作站上的车站级自动运行模式是否激活，如果车站级自动运行模式能激活，则列车运行基本不受影响。（　　）

(10) ATS 子系统是实现对列车运行监督和控制的列车自动监控系统。（　　）

5. 综合题

(1) 简述"先通后复"原则。

(2) 简述"三不动""三不离"。

(3) 默画正线信号故障处置流程图、车辆段信号故障处置流程图。

(4) 简述一种道岔故障情况的处置流程。

(5) 简述手摇道岔六部曲。

(6) ATS 系统具有哪些主要功能？

(7) ATS 系统发生故障时可能的原因是什么？

(8) 默画一种 ATS 设备故障现场处置流程图。

项目 4
火灾应急处理

📄 项目描述

火灾是城市轨道交通运营中发生频率最高的灾害之一。由于城市轨道交通建筑结构复杂、环境密闭、人员密集,一旦发生火灾,人员安全疏散问题十分严峻,往往会造成重大人员伤亡和财产损失,对社会产生不良的深远影响。随着城市轨道交通事业的不断发展,国际社会越来越关注轨道交通火灾的应急处理。实际工作中,认知火灾的危害、成因及特点,能够根据应急原则,按照应急处理程序以及岗位职责,利用城市轨道交通的各种消防设施设备应对火灾突发情况,对提高城市轨道交通系统火灾应急能力具有重要意义。

📄 技能目标

(1) 能正确操作与利用各类消防设施设备;
(2) 能在实际工作中充分遵守火灾应急处理原则;
(3) 能遵循火灾应急处理原则,严格按照火灾应急处理程序及岗位职责对车站站台及站厅进行火灾应急处理;
(4) 能遵循火灾应急处理原则,严格按照火灾应急处理程序及岗位职责对列车火灾事故进行应急处理。

📄 素质目标

(1) 培养认知与分析问题的能力;
(2) 提高火灾防范与安全意识,强化岗位责任意识。

📄 案例导入

1987 年 11 月 18 日,英国伦敦地铁国王十字站因为一只未熄灭的丢弃烟蒂引发了重大火灾事故。

火焰从木质的自动扶梯底部燃起,有人声称在 18:30 左右就报告过闻到怪异气味,而消防局是在 19:36 接到的报警。火势很快就从自动扶梯蔓延到了售票大厅,许多乘客因浓烈的烟雾被困在售票厅内,有毒的气体使得许多人昏迷乃至窒息。而另一些刚下车的乘客在发现大火后便乘车离开。进出车站的车辆所引起的空气流动助长了火势的蔓延,却不足以驱散有毒气体。消防员在 19:42 赶到现场后便开始扑灭火焰、帮助乘客逃离,但因事发突然,没有地铁站的地图,也没有配发防毒面具,灭火工作并不顺利,一名消防员殉职。大约在第二天凌晨1:30,火焰才被彻底扑灭。此次火灾造成31人死亡和60名以上的人受伤,死亡原因多为吸入大量有毒气体。时任英国首相的撒切尔夫人在火灾扑灭后亲自前往医院看望伤者。

这起严重事故引起了英国社会的强烈反应,但事后进行的调查并没有对火灾的起因给出一个统一的答复。伦敦消防局的调查表明,很有可能是点燃香烟后丢弃的火柴点燃了润滑油,从而引发了火灾。有人认为这是由烟蒂引起的;有人认为这是自动扶梯下的垃圾堆积过久,遇上火花引起的;甚至有人将其与恐怖活动联系起来。在调查过其他地铁站那些同样为木结构的自动扶梯之后,人们发现这些扶梯上也有多处燃烧过的痕迹,但这些火焰在被人发现之前就自动熄灭了。

任务1 认识火灾应急处理

任务导入

从世界城市轨道交通100多年的历史教训来看,火灾是城市轨道交通运营中发生频率最高、造成损失最大的事故之一。城市轨道交通重大事故统计中,火灾事故占到了32%(见图4-1)。所以,对城市轨道交通系统来说,消防安全非常重要。请选一大型城市轨道交通换乘站,认真观察其火灾应急设施设备的分布情况。

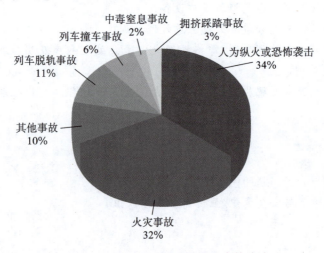

图4-1 城市轨道交通系统重大事故统计

任务描述

(1)通过网络或图书馆查阅资料,搜集有关城市轨道交通火灾的案例,对城市轨道交通火灾形成基本认知。

(2)列举城市轨道交通换乘站的各类消防设施设备。

(3)能正确操作消防栓与灭火器,正确穿戴防烟面具、荧光服等防护用品。

(4)能说出城市轨道交通火灾应急原则。

知识准备

一、城市轨道交通火灾的危害及成因

1. 危害

大部分城市轨道交通建筑深埋于地下的封闭空间,区间隧道内敷设有各种电气线路、电缆,地下车站设有大量的变配电设备、空调机组、通信设备、信号设备、环控系统、给排水系统等设备,列车上设有电机电器、高压电缆、润滑油料,而且城市轨道交通客流量大、人员密集,存在极大的火灾危险性。

统计显示,火灾在城市轨道交通系统发生的所有灾害中所占比例较高,约占30%。城市轨道交通火灾一旦发生,后果严重,人员伤亡与财产损失都较大。1987年11月18日晚,伦敦地铁国王十字站发生重大火灾,持续4个多小时,造成31人死亡,100多人受伤,经济损失严重;1995年10月28日夜,阿塞拜疆首都巴库发生恶性地铁火灾惨剧,死亡558人;2003年2月18日,韩国大邱地铁发生人为纵火事件,造成198人死亡,146人受伤,289人失踪。城市轨道交通火灾事故的预防和应对已受到国际社会共同关注。各国城市轨道交通特、重大火灾事件如表4-1所示。

表4-1 各国城市轨道交通特、重大火灾事件

时 间	地 点	起火原因	伤亡损失
1995年4月	韩国大邱	施工时煤气泄漏,发生爆炸	103人死亡,230人受伤
1995年10月	阿塞拜疆巴库	机车电路老化短路,多数人死于烟气中毒	558人死亡,269人受伤
2000年11月	奥地利	电暖空调过热,致使保护装置失灵	155人死亡,18人受伤
2003年2月	韩国大邱	精神病患者纵火	198人死亡,146人受伤
2004年2月	俄罗斯莫斯科	上班高峰发生爆炸	40人死亡,120人受伤

2. 成因

城市轨道交通火灾的发生原因可以归结为四大因素:人的因素、物的因素、环境因素及管理因素,具体如表4-2所示。

表4-2 城市轨道交通火灾成因

成 因	因 素 细 分
人的因素	(1)施工违章操作; (2)乘客有抽烟等引发火灾的行为; (3)人为故意纵火或恐怖袭击等其他原因
物的因素	(1)电气设备线路存在隐患; (2)乘客违禁携带易燃、易爆物品; (3)城市轨道交通工程及车辆材料选用不当; (4)消防设施设置不当; (5)附属设施及装备没有安全化处理

续表

成因	因素细分
环境因素	(1) 社会局势发生动荡； (2) 没有建立起良好的法治体系； (3) 人们的消防意识薄弱； (4) 自然环境变化； (5) 城市轨道交通运营环境不良
管理因素	(1) 劳动组织不合理,安全管理及操作规范与流程不完善； (2) 职工安全教育和安全技能培训不足； (3) 未对乘客和公众进行足够的防火安全教育； (4) 设备设计不合理,硬件设施管理存在安全隐患； (5) 相关部门没有承担起相应的管理职能

知识拓展

火灾的分类

依据物质燃烧特性,火灾可划分为 A、B、C、D、E 五类。

A 类火灾:固体物质火灾。造成这种火灾的固体物质往往具有有机物的性质,一般在燃烧时产生灼热的余烬,如木material、煤、棉、毛、床、纸张等。

B 类火灾:液体火灾和可熔化的固体物质火灾,如汽油、煤油、柴油、原油、甲醇、乙醇、沥青、石蜡等燃烧造成的火灾。

C 类火灾:气体火灾,如煤气、甲烷、乙烷、丙烷、氢气等燃烧造成的火灾。

D 类火灾:金属火灾,如钾、钠、镁、铝合金等燃烧造成的火灾。

E 类火灾:带电物体和精密仪器等物质燃烧造成的火灾。

二、城市轨道交通火灾的特性

1. 突发性强,恐慌与混乱程度大

城市轨道交通火灾的不确定性决定了其突发性。城市轨道交通线长面广、客流量大,火灾发生的时间、地点具有不确定性,发生初期极具隐蔽性,不易发觉,一旦发觉,通常已达到一定的危害范围和程度。另外,由于城市轨道交通建筑空间具有连续性,防火困难,而其出入口又少,通道狭窄,一旦发生火灾事故,乘客极易产生恐慌及焦虑心理,行动混乱程度要比在地面建筑物中严重得多,多数自救意识较差的乘客盲目跟从,争先恐后地拥向出口处,易发生挤压、踩踏事故,导致群死群伤。同时,出入口兼具疏散和消防队员扑救入口的功能,会直接影响救火的效率。

2. 氧含量急剧下降,温度迅速上升,排烟排热差

城市轨道交通建筑具有封闭性,发生火灾时大量的新鲜空气难以迅速补充,空气中氧气

含量急剧下降,空间温度迅速上升,易产生热气浪,影响人员逃生,火势猛烈阶段,温度甚至可达到 1000 ℃ 以上,会对车站结构造成严重破坏。火灾的另一个典型特征是产生大量浓烟,伴随着 CO 等有毒气体释放,不仅降低了可见度,也加大了疏散人群的难度,导致人们判断能力下降,易迷失方向甚至晕倒,因失去逃生能力而死亡。总之,不易排放的浓烟与热气浪给建筑内人员和救灾人员的生命安全带来了极大的威胁。

> **知识拓展**
>
> 当空气中的氧含量降至 15% 时,人体肌肉活动能力下降;降至 10%～14% 时,人体四肢无力,判断能力低,易迷失方向;降至 6%～10% 时,人便会晕倒,失去逃生能力;当空气中的含氧量降到 5% 以下时,人会立即晕倒或死亡。

3. 人员疏散困难,疏散速度慢

城市轨道交通建筑中障碍物多,会大大降低人员的疏散速度。地下发生火灾时,逃生出口和路线比地面建筑少,大量乘客将同时涌向狭窄的通道及楼梯,期间还有检票机等障碍物挡道。如在隧道内,则两侧墙上密布电缆托架、信号机、消防箱等多种设备,而地面上有行走轨、排水沟、消防供水管等设备,这些障碍物严重影响了乘客逃生的速度。同时,由于事故照明灯和疏散标志指示灯灯光昏暗,乘客对地形不熟悉,浓烟降低了疏散人员的可视距离等,必然造成疏散速度缓慢,疏散困难。

4. 火源探测与灭火救援困难

城市轨道交通面长线广,火灾发生后,隧道内烟雾弥漫,能见度低,一时很难确定着火点的具体位置、遇险人员的状况及火势发展的主要方向,在浓烟、高温、缺氧、有毒、视线不清、通信中断,而大型灭火设备无法进入现场的条件下,救人、灭火难度很大。在特长隧道内,还容易产生灭火救援路线与疏散路线、烟气流动路线的交叉,进一步增大了救援难度。

三、城市轨道交通主要消防设施设备

消防设施设备是城市轨道交通防灾系统的重要设施之一。贯彻"预防为主、防消结合"的消防工作方针,严格执行国家、地方、行业颁布的消防法律法规、标准规范、规章制度以及规程,借鉴国内外先进经验,因地制宜地设置城市轨道交通消防设施设备,是预防火灾以及迅速有效地实施火灾应急救援的前提。

1. 信息通报系统

1) 火灾探测器

在火灾初燃生烟阶段,火灾探测器能自动发出火灾报警信号,以期将火扑灭在未成灾害之前。根据结构的不同,火灾探测器分为感烟火灾探测器、感温火灾探测器、感光火灾探测器、复合式火灾探测器以及感可燃气体火灾探测器;按其测控范围,又可分为点型火灾探测器和线型火灾探测器两大类,如图 4-2、图 4-3 所示。

2) 手动火灾报警按钮

车站站台、站厅和通道墙上均有手动火灾报警按钮,上有 FIRE 或 FIRE ALARM 字样。当确认火灾发生时,击碎玻璃,按下报警按钮即可。

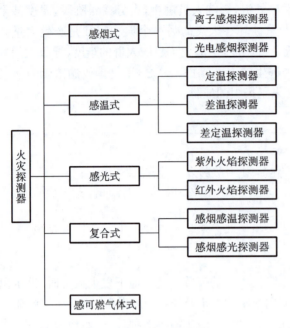

图 4-2 火灾探测器分类

图 4-3 光电感烟火灾探测器

> **知识拓展**
>
> **四套通信设备确保火灾信息畅通无阻**
>
> 广州地铁从 4 个渠道可迅速收集到火灾有关信息：
> (1) 自动报警系统：车站内的火灾自动报警系统(FAS)非常灵敏，可自动收集辖区内的火灾信息，并迅速传输到车站控制室和控制中心，自动触发火灾排烟模式。
> (2) 无线电通信：车站工作人员和地铁司机可通过无线系统向控制中心传递事故信息。
> (3) 有线通信紧急电话：工作人员可通过有线电话与控制中心联系。
> (4) 站台内的 CCTV 视频传输系统：车站内装设全方位的监视器，实时收集站内各方位视频信息。

2. 灭火系统

1) 消火栓灭火系统

采用消火栓灭火是最常用的灭火方式。消火栓灭火系统由蓄水池、加压送水装置(水泵)及室内消火栓等主要设备构成，这些设备的电气控制包括水池的水位控制、消防用水和加压水泵的启动。水位控制应能显示出水位的变化情况和高、低水位报警及控制水泵的开停。室内消火栓系统由水枪、水龙带、消火栓、消防管道等组成。为保证水枪在灭火时具有足够的水压，需要采用加压设备。常用的加压设备有两种：消防水泵和气压给水装置。消火栓使用方法如图 4-4 所示。

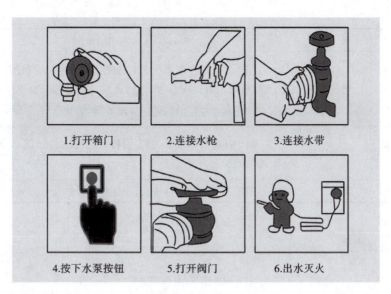

图 4-4 消火栓使用方法

2）水喷淋自动灭火系统

水喷淋自动灭火系统由开式或闭式喷头、传动装置、喷水管网、湿式报警阀等组成。发生火灾时，该系统管道上的水喷头遇高温（一般是 68～70 ℃）自爆，通过安装在支管管路上的水流指示器动作并反馈给火灾报警控制系统控制器来启动喷淋泵，并设有手动启动装置，起到了抑制火灾、降低环境温度、阻止烟气扩散的作用。车站公共区一般不安设水喷淋自动灭火系统，以免地面湿滑而影响疏散速度，但可考虑在车站公共区两端的一定范围内设置该系统。

3）灭火器

灭火器是一种轻便的灭火工具，它可以用于扑救初起火灾，控制火势蔓延。灭火器的种类很多，按其移动方式可分为手提式灭火器和推车式灭火器；按驱动灭火剂的动力来源可分为储气瓶式灭火器、储压式灭火器、化学反应式灭火器；按所充装的灭火剂材料又可分为泡沫灭火器、干粉灭火器、卤代烷灭火器、二氧化碳灭火器、清水灭火器等。不同种类的灭火器适用于扑救不同物质的火灾，其结构和使用方法也各不相同。灭火器的类型及使用范围如表 4-3 所示。

表 4-3 灭火器的类型及使用范围

类　　型	灭　火　剂	使 用 范 围
泡沫灭火器	硫酸铝和碳酸氢钠溶液	适用于扑救一般 B 类火灾，如油制品、油脂等火灾，也可用于扑救 A 类火灾，但不能扑救 B 类火灾中的水溶性可燃、易燃液体火灾，如醇、酯、醚、酮等物质火灾；也不能扑救带电设备及 C 类和 D 类火灾
干粉灭火器	干燥、易于流动的微细固体粉末	碳酸氢钠干粉灭火器适用于扑救易燃、可燃液体、气体及带电设备的初起火灾；磷酸铵盐干粉灭火器除可用于扑救上述几类火灾外，还可扑救固体类物质的初起火灾，但都不能扑救金属燃烧火灾

续表

类型	灭火剂	使用范围
卤代烷灭火器(1211和1301两种)	卤代烷灭火剂	用于扑救电子仪器仪表与精密仪器设备、电气设备火灾;各种易燃液体(水溶性或非水溶性)火灾;文物档案、贵重图书、其他贵重物品火灾;可燃气体火灾,如液态烃气、环丙烷、甲胺、二甲胺火灾
二氧化碳灭火器	二氧化碳	用于扑救贵重设备、档案资料、仪器仪表、600V以下电气设备及油类的初起火灾
清水灭火器	清水	用于扑救一般固体火灾,不能扑救液体及电器火灾

知识拓展

你会使用灭火器吗?

灭火器的使用方法如图4-5所示。

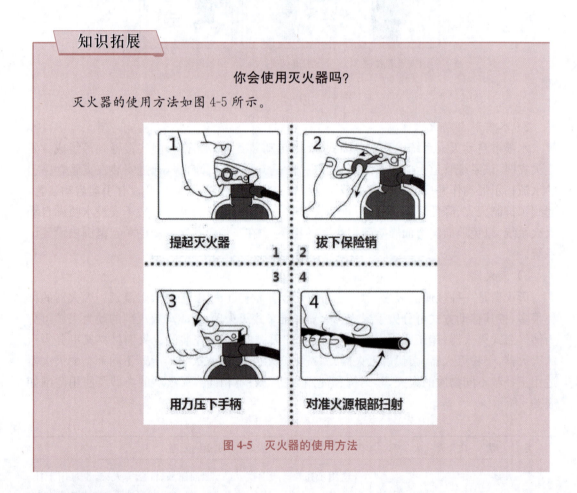

图4-5 灭火器的使用方法

3. 应急疏散系统

1) 应急照明灯与疏散指示标志

应急照明灯(见图4-6)与疏散指示标志是发生火灾时重要的安全疏散设施之一,城市轨道交通车站在必要位置设置足够的应急照明装置和带电源或蓄电池的应急标志及自发光的疏散指示标志,能为人员逃生提供有利的条件。但上述设备设置后易损坏失灵,影响人员疏散,必须做好以下方面的维护工作:

(1) 定期巡检应急照明灯的控制模块及中间继电器的功能。
(2) 带蓄电池的应急灯和疏散指示标志应处于常充电状态。
(3) 自发光的疏散指示标志表面应保持清洁,定期更换。

2) 防火卷帘

防火卷帘(见图 4-7)是一种适用于建筑物较大洞口处的防火、隔热设施,卷帘帘面通过传动装置和控制系统实现卷帘的升降。在火灾发生时降下卷帘,可切断火灾区域与疏散通道及救援通道之间的联系,把火灾控制在一定范围内,以阻止火势迅速蔓延,保障群众的生命财产安全。目前,防火卷帘在实际使用中存在很多安全隐患,还需要对其技术不断进行改进与完善。

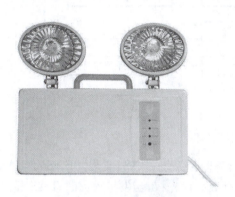

图 4-6　应急照明灯

图 4-7　钢质防火卷帘

3) 列车上的应急装置

列车上设有紧急情况通报按钮与手动开门装置,以及司机室与车厢之间的紧急疏散门、列车前部的逃生门等装置。

此外,列车上设置的滚动显示条和液晶显示屏以及城市轨道交通广播系统,在火灾发生时也可引导乘客疏散。

4. 火灾报警系统(FAS)

火灾报警系统(fire alarm system, FAS)主要由设置在各车站、区间隧道、控制中心大楼、车辆段、停车场、主变电站等与城市轨道交通运营有关的建筑、设施的火灾报警设备以及相关的网络设备和通信接口组成,对城市轨道交通全线的火灾探测、报警和控制十分重要。

FAS 有中央和车站两级监控。

中央级监控设置在控制中心,作为城市轨道交通消防的指挥和控制中心,用于监视城市轨道交通全线各车站、区间隧道、控制中心大楼、车辆段、停车场、主变电站等下属所有区域的火灾报警、消防联动和故障情况。中央级监控在 OCC 配备防灾报警主机,FAS 主机由两套消防通信机(火灾报警控制器)和 OCC 两台互为热备用的 FAS 监控总站组成。OCC 一般设有 FAS 大屏幕或多功能显示屏,以图形的方式直观显示全线各区域的火灾报警及故障信息,支持全线的防灾、救灾指挥。

车站级监控由车站 FAS 分级(火灾报警控制器)、车站 FAS 操作员工作站、打印机、消防联动控制柜和现场的火灾探测器、控制及监视模块等组成,有监视、报警、控制及与其他系统联动等功能。

FAS 车站级监控网络图如图 4-8 所示。

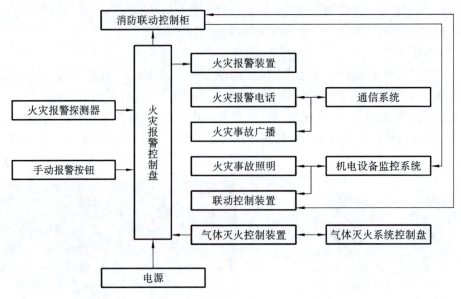

图 4-8　FAS 车站级监控网络图

FAS 所有的防排烟系统联动控制功能由建筑设备监控系统（BAS）实现。FAS 和 BAS 在各车站均设有自动控制接口，FAS 发出的指令具有最高优先权，当发生火灾时，FAS 通过车站的自动控制接口发出指令，BAS 按指令将其所监控的设备运行转换为预定的火灾运行模式，为人员的安全疏散和火灾扑救工作的展开提供有利条件。

四、城市轨道交通火灾应急处理原则

（1）贯彻"救人第一，救人与灭火同步进行"的原则，积极施救。

（2）把握起火初期 5 min 内的关键时间，做好两项工作：一是尽快扑救；二是及时报警。

（3）做好个人防护。及时穿戴防烟面具、荧光服等防护用品。

（4）火灾发生后，车站行车值班员或司机应立即报告行车调度员，行车调度员应分别报 119、110 和部门领导，报告语言应简明、扼要。

（5）行车值班员为车控室的责任人。

（6）站长（值班站长）为车站责任人。

知识拓展

城市轨道交通火灾逃生关键点

针对城市轨道交通火灾事故，日本消防部门做过实验，日本地铁的车厢虽已确认具有不易燃烧性，但起火后，快则 1.5 min，慢则 8 min 之后就会放出对人体有害的气体。2~5 min 内，车厢内就因烟雾弥漫而无法看清楚逃生出口，相邻的车厢在 5~10 min 内也会出现相同情形。实验证明，允许乘客逃生的时间只有 5 min 左右。

任务 2　车站火灾应急处理

任务导入

城市轨道交通车站(含列车)内电气线路、电气设备高度密集,这些电气线路和设备在运行中发生短路、过负荷、过热等故障是引发火灾事故的重要因素。工作人员违章操作、乘客携带易燃易爆危险品乘车、车站内有人吸烟、人为纵火等都可能引发城市轨道交通火灾事故。另外,引发火灾的环境因素主要包括内部潮湿、高温、粉尘浓度大、鼠害等。

一旦城市轨道交通车站出现火灾,能够及时、正确地进行应急处理,是非常重要的。

任务描述

(1) 模拟车站站厅发生火灾的应急处理流程。
(2) 模拟车站站台发生火灾的应急处理流程。

知识准备

一、车站站厅(设备区)发生火灾的应急处理

1. 应急处理程序

车站站厅(设备区)发生火灾的应急处理程序如图 4-9 所示。

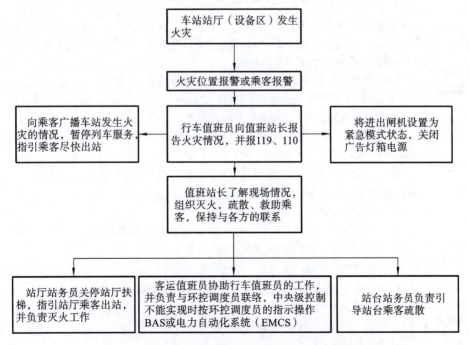

图 4-9　车站站厅(设备区)发生火灾的应急处理程序

2. 火灾应急处理岗位职责

车站站厅(设备区)的火灾应急处理岗位职责如表 4-4 所示。

表 4-4　车站站厅(设备区)火灾应急处理岗位职责

岗 位 名 称	岗 位 职 责
值班站长	(1) 接到行车值班员的报告后,马上到报警现场查看。 (2) 到现场确认火灾后报告车控室,宣布执行紧急疏散计划,穿上有"事故处理主任"标志的荧光衣,担任事故处理主任,组织员工疏散乘客和灭火。 (3) 组织员工灭火,控制火势,组织乘客从未受火灾影响的方向疏散。与车控室保持联系。 (4) 消防队员到火场后,将灭火工作交给消防队员,命令灭火员工疏散到安全区,确认乘客疏散完毕后回到车控室指挥。 (5) 通过 CCTV 监控和了解现场情况,向行车调度员报告消防队灭火情况。与警务人员确认完全灭火后,命令行车值班员报告行车调度员可以恢复运营,并组织员工清理现场。 (6) 现场清理完毕,检查确认线路出清后报告车控室,要求恢复运营服务,回到车控室组织运营
行车值班员	(1) CCTV 或 FAS 监控发现火灾报警后,命令厅巡岗到报警点确认火警,并将情况报告值班站长。 (2) 报告行车调度员站厅火灾情况,要求停止车站列车服务,报告车站派出所和 119、120,通过广播宣布执行紧急疏散计划,利用广播引导乘客疏散,按压 AFC 紧急按钮,关闭广告照明,并报告站务室主任。 (3) 与行车调度员、值班站长保持联系。 (4) 报告行车调度员乘客疏散及灭火情况,将指挥权交还值班站长。 (5) 报告行车调度员现场清理和线路出清情况,请求恢复运营服务,经行车调度员同意后用广播通知员工恢复运营服务
客运值班员	(1) 执行紧急疏散计划,迅速锁好点钞室门,到车控室,在车站计算机上关闭所有 TVM,在 BAS 电脑上检查排烟模式是否开启。拿对讲机和药箱迅速赶到站厅,组织员工引导乘客疏散,对受伤乘客进行救助。 (2) 引导乘客疏散,确认乘客全部疏散后报告车控室。 (3) 引导消防队到现场灭火,并报告车控室。 (4) 接到通知后回车控室准备恢复运营服务。 (5) 恢复 AFC 紧急按钮,通过车站计算机开启 TVM 及闸机(CBTE),并设置为"时间/日期免检"模式
厅巡	(1) 执行紧急疏散计划,迅速将所有 AFC 通道门打开,报告车控室后,停止站厅扶梯运行,到监控亭穿上荧光衣,戴好防毒面具后到火灾现场灭火。 (2) 乘客疏散完毕后协助灭火工作。 (3) 将灭火工作交给消防队员,到出口拦截乘客进站,做好解释工作,疏导围观乘客。 (4) 检查站厅客运设施情况,关闭 AFC 通道门。 (5) 开启进出口,撤除"安民告示",引导乘客进站
售票员	(1) 执行紧急疏散计划,停止售票,手提广播引导乘客疏散。 (2) 确认乘客全部疏散出站后,穿上荧光衣,戴好防毒面具,迅速到火灾现场参加灭火。 (3) 将灭火工作交给消防队员后到车控室集中。 (4) 恢复售票工作

续表

岗位名称	岗位职责
站台岗	（1）执行紧急疏散计划，停止扶梯运作，疏散站台乘客后到监控亭穿上荧光衣，戴好防毒面具，到火灾现场参加灭火。 （2）检查确认站台没有遗留乘客。 （3）将灭火工作交给消防队员，到车控室集中。 （4）接发列车，组织乘降
保洁岗	（1）执行紧急疏散计划，停止保洁工作，到车控室拿"安民告示"及出入口锁匙，到出入口贴"安民告示"并关停出入口扶梯，等候消防队到来。 （2）拦截乘客进站，做好解释工作；指引消防队员进站灭火；安抚受伤乘客，等候120救护人员。 （3）清理火灾现场。 （4）恢复保洁工作

二、车站站台（设备区）发生火灾的应急处理

车站站台是乘客上下车的地点，人员密度大，发生火灾时极易造成重大伤害事故。

1. 应急处理程序

车站站台（设备区）发生火灾的应急处理程序如图4-10所示。

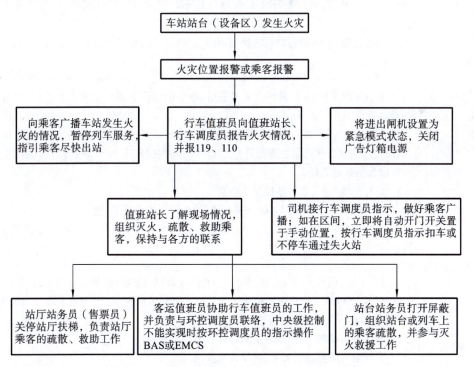

图4-10 车站站台（设备区）发生火灾的应急处理程序

2. 注意事项

（1）车站站台发生火灾时，首先应关闭站台层的送风系统和站厅层的排风系统，开启车

站层的排风系统,经排风井将烟雾排至地面,从而使进出通道和站厅层形成负压和向下气流,保证人员疏散时逆风行走,不受烟雾伤害。

(2)由于列车在隧道内运行会加速周围气体流动,助长火势蔓延,如有列车不停站通过车站时,站台站务员不能打开屏蔽门,待列车通过车站后才能打开。

(3)在疏散过程中应注意及时安抚乘客情绪,合理分流乘客,保证乘客依据最短路径的原则,从不同出入口撤离事故站台,把混乱程度降到最低。

3. 火灾应急处理岗位职责

车站站台(设备区)的火灾应急处理岗位职责如表 4-5 所示。

表 4-5 车站站台(设备区)火灾应急处理岗位职责

岗 位 名 称	岗 位 职 责
值班站长	(1) 接到行车值班员报告,马上到报警现场查看。 (2) 到现场确认火灾后报告车控室,宣布执行紧急疏散计划,穿上有"事故处理主任"标志的荧光衣,担任事故处理主任,组织员工疏散乘客和灭火。 (3) 组织员工灭火,控制火势,组织乘客从未受火灾影响的方向疏散。与车控室保持联系。 (4) 消防队员到火场后,将灭火工作交给消防队员,命令灭火员工疏散到安全区,确认乘客疏散完毕后回到车控室指挥。 (5) 通过 CCTV 监控和了解现场情况,向行车调度员报告消防队灭火情况。与警务人员确认完全灭火后,命令行车值班员报告行车调度员可以恢复运营,并组织员工清理现场。 (6) 现场清理完毕,检查确认线路出清后报告车控室,要求恢复运营服务,回到车控室组织运营
行车值班员	(1) CCTV 或 FAS 监控发现火灾报警后,命令站台岗到报警点确认火警,并将情况报告值班站长。 (2) 报告行车调度员站台火灾情况,要求停止车站列车服务,报告车站派出所和 119、120,通过广播宣布执行紧急疏散计划、引导乘客疏散,按压 AFC 紧急按钮,关闭广告照明,并报告站务室主任。 (3) 与行车调度员、值班站长保持联系。 (4) 报告行车调度员乘客疏散及灭火情况,将指挥权交还值班站长。 (5) 报告行车调度员现场清理和线路出清情况,请求恢复运营服务,经行车调度员同意后用广播通知员工恢复运营服务
客运值班员	(1) 执行紧急疏散计划,迅速锁好点钞室门,到车控室,在车站计算机上关闭所有 TVM,在 BAS 电脑上检查排烟模式是否开启。拿对讲机和药箱迅速赶到站厅,组织员工引导乘客疏散,对受伤乘客进行救助。 (2) 引导乘客疏散,确认乘客全部疏散后报告车控室。 (3) 引导消防队到现场灭火,并报告车控室。 (4) 接到通知后回车控室准备恢复运营服务。 (5) 恢复 AFC 紧急按钮,通过车站计算机开启 TVM 及 GBTE,并设置为"时间/日期免检"模式

续表

岗位名称	岗位职责
厅巡	（1）执行紧急疏散计划，迅速将所有AFC通道门打开，报告车控室后，停止站台扶梯运行，到监控亭穿上荧光衣、戴好防毒面具后到火灾现场灭火。 （2）乘客疏散完毕毕后协助灭火工作。 （3）将灭火工作交给消防队员，到出口拦截乘客进站，做好解释工作，疏导围观乘客。 （4）检查站厅客运设施情况，关闭AFC通道门。 （5）开启进出口，撤除"安民告示"，引导乘客进站
售票员	（1）执行紧急疏散计划，停止售票，手提广播引导乘客疏散。 （2）确认乘客全部疏散出站后，穿上荧光衣，戴好防毒面具，迅速到火灾现场参加灭火。 （3）将灭火工作交给消防队员后到车控室集中。 （4）恢复售票工作
站台岗	（1）执行紧急疏散计划，停止扶梯运作，疏散站台乘客后到监控亭穿上荧光衣，戴好防毒面具，到火灾现场参加灭火。 （2）检查确认站台没有遗留乘客。 （3）将灭火工作交给消防队员，到车控室集中。 （4）接发列车，组织乘降
保洁岗	（1）执行紧急疏散计划，停止保洁工作，贴"安民告示"并关停出入口扶梯，等候消防队的到来。 （2）拦截乘客进站，做好解释工作；指引消防队员进站灭火；安抚受伤乘客，等候120救护人员。 （3）清理火灾现场。 （4）恢复保洁工作

三、控制中心关于车站火灾的应急处理

1. 应急处理方案

（1）值班主任接行车调度员报告后宣布执行车站火灾应急程序，指挥各调度员开展工作；报告119、110、120和城市轨道交通分局指挥所，与各方保持联系。

（2）按线路级别分别执行《控制中心应急处理预案》及《控制中心应急处理程序》中有关车站火灾的处理程序。

（3）当车站发生火灾时，扣停相邻车站的来车，准予已驶向该车站的列车越站通过。

（4）采取小交路模式，与发生火灾的车站相隔一个车站维持降级模式下的客运服务。

（5）行车调度员根据站台乘客滞留情况，决定是否派出专列疏散乘客。

2. OCC应急岗位职责

OCC应急岗位职责如表4-6所示。

表 4-6 OCC 应急岗位职责

岗 位 名 称	岗 位 职 责	
	站台	站厅
OCC 值班主任	(1) 接到行车调度员的火灾报告后,向所有当值调度员宣布执行车站火灾应急处理程序。 (2) 通知各调度员做好救援组织工作,监督各调度员执行情况。 (3) 向城市轨道交通分局指挥室报告,视情况报告 119、120。 (4) 指示事发现场的值班站长执行火灾模式。 (5) 依照应急事故通报程序,向相关领导通报信息或要求各调度员向相关领导通报信息。 (6) 火灾扑灭后,检查相应的善后工作	
行车调度员	(1) 接到车站的火灾报告后,了解并记录现场情况。 (2) 向值班主任汇报车站火灾情况。 (3) 扣停其他进站列车,指令已进站的列车迅速通过车站。 (4) 进行列车运行调整,向全线车站发布列车信息,要求车站做好相关客运服务	(1) 接到车站的火灾报告后,了解并记录现场情况。 (2) 向值班主任汇报车站火灾情况。 (3) 扣停其他进站列车,指令已进站的列车迅速通过车站,或紧急撤离滞留站台的乘客后离开事故车站。 (4) 进行列车运行调整,向全线发布列车信息,要求车站做好相关客运服务
环控调度员	(1) 确认车站的具体着火位置。 (2) 执行站台火灾模式,当中央级控制失控时指令车站启动相应火灾模式。 (3) 监控相邻车站阻塞模式的执行情况。 (4) 与事故车站保持联系,及时掌握现场情况。 (5) 协助值班主任向相关领导汇报。 (6) 火灾扑灭后,通知相关人员检查确认相关设备情况,并恢复正常环控模式	(1) 确认车站的具体着火位置。 (2) 执行站厅火灾模式,当中央级控制失控时指令车站启动相应火灾模式。 (3) 监控相邻车站阻塞模式的执行情况。 (4) 与事故车站保持联系,及时掌握现场情况。 (5) 协助值班主任向相关领导汇报。 (6) 火灾扑灭后,通知相关人员检查确认相关设备情况,并恢复正常环控模式
电力调度员	(1) 通知变电所值班员车站火灾情况。 (2) 注意监控设备运行情况。 (3) 视情况需要切断相关牵引电流。 (4) 确保排风系统的电源供应。 (5) 协助值班主任向相关领导汇报。 (6) 火灾扑灭后,通知相关人员确认设备情况,恢复相关牵引的供电	(1) 通知变电所值班员车站火灾情况。 (2) 注意监控设备运行情况。 (3) 视情况需要切断相关牵引电流。 (4) 确保排风系统的电源供应。 (5) 协助值班主任向相关领导汇报。 (6) 火灾扑灭后,通知相关人员确认设备情况,恢复相关牵引的供电

续表

岗位名称	岗位职责	
	站台	站厅
维修调度员	（1）接火灾报告后通知工建、供电、通号、机电车间轮值班，视情况启动抢修程序。 （2）报告维修工程部领导及安监人员。 （3）协助值班主任向相关领导汇报。 （4）火灾扑灭后，根据设备情况组织人员到现场进行检查恢复	（1）接火灾报告后通知工建、供电、通号、机电车间轮值班，视情况启动抢修程序。 （2）报告维修工程部领导及安监人员。 （3）协助值班主任向相关领导汇报。 （4）火灾扑灭后，根据设备情况组织人员到现场进行检查恢复

任务3　列车火灾应急处理

任务导入

2003年2月18日9:52,韩国大邱地铁中央路站有乘客纵火，导致列车起火，并殃及车站及临线列车，事故造成198人死亡，146人受伤，298人失踪。

2017年2月10日19:00,香港地铁尖沙咀站有乘客纵火，由于应急处理及时，事故仅造成18人受伤，其中4人严重烧伤，未造成人员死亡。

由此可见，列车发生火灾时正确、及时地进行应急处理十分重要，相关岗位的人员必须掌握专业的应对措施，以尽可能地减少损失。

任务描述

（1）模拟列车在站台发生火灾的应急处理流程。
（2）模拟列车在区间隧道发生火灾的应急处理流程。

知识准备

一、列车在站台发生火灾的应急处理程序

1. 应急程序

列车在站台发生火灾的应急处理程序如图4-11所示。

2. 火灾应急处理岗位职责

列车在站台发生火灾时的应急处理岗位职责如表4-7所示。

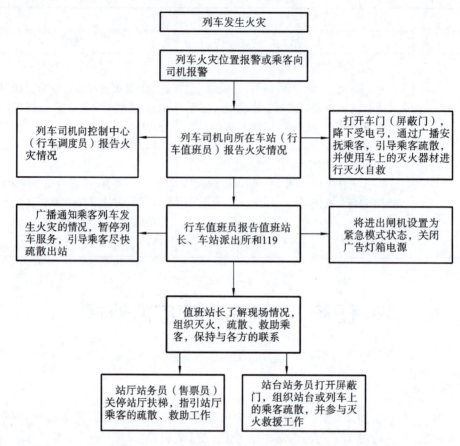

图 4-11　列车在站台发生火灾的应急处理程序

表 4-7　列车在站台发生火灾时的应急处理岗位职责

岗 位 名 称	岗 位 职 责
值班站长	(1) 接到行车值班员的报告后,立即通知厅巡或售票员带齐事故处理物品到站台,协助站台岗做好灭火、疏散准备工作。 (2) 穿上有"事故处理主任"标志的荧光衣,戴好防毒面具,指挥厅巡、售票员进入车厢用灭火器灭火,并组织员工疏散站台乘客。 (3) 组织灭火,控制火势;组织站台乘客向未受火灾影响的站厅疏散,确认站台乘客全部疏散到站厅后报告车控室。 (4) 消防队员到火场后,将灭火工作交给消防队员,命令参加灭火的员工疏散到站厅。确认站厅乘客疏散完毕后,回到车控室。 (5) 通过CCTV监控了解灭火情况,向行车调度员报告消防队灭火情况。灭火完毕后,与警务人员确认火势完全扑灭后报告行车调度员,请求恢复运营,并组织员工清理现场

续表

岗位名称	岗位职责
行车值班员	(1) 接到行车调度员或列车司机的火灾报告后,通过CCTV监视现场情况,命令站台岗将情况报告值班站长。 (2) 报告行车调度员,要求停止车站运作和列车服务,并用电话报派出所和119、120,通过车站广播宣布执行紧急疏散计划,播放紧急疏散广播,按压AFC紧急按钮,报告站务室主任,并关闭广告照明。 (3) 与行车调度员、值班站长保持联系。 (4) 报告行车调度员火灾现场情况,将指挥权交还值班站长。 (5) 通知客运值班员"火灾已扑灭,准备恢复运营服务",并向行车调度员报告
客运值班员	(1) 执行紧急疏散计划,迅速锁好点钞室门,到车控室,在车站计算机上关闭所有TVM,按环调指示在EMCS电脑上开启站台火灾排烟模式,确认站台排烟模式开启后,拿对讲机和药箱迅速到站厅组织员工疏散乘客。 (2) 组织开展站厅乘客的疏散工作,确认站厅乘客全部疏散出站后报告车控室,协助受伤的乘客。 (3) 接到通知后,组织员工回车站,准备恢复运营服务,回到车控室
司机	(1) 司机接报火警信息并判明火情后,迅速向行车调度员和车站报告客车有火警;用广播安抚乘客,指引乘客使用车厢座位下的灭火器进行灭火。 (2) 司机打开车门(屏蔽门),降下受电弓,用广播引导乘客疏散,并报告行车调度员现场情况。 (3) 待令,与行车调度员保持联系。 (4) 司机回到列车,检查损坏情况,向行车调度员申请返车厂检修
厅巡	(1) 执行紧急疏散计划,迅速将所有AFC通道门打开,关停站台至站厅层的扶梯,到站台中部监控亭穿上荧光衣,戴好防毒面具,到现场灭火。 (2) 继续进行灭火。 (3) 将灭火工作交给消防队员,拦截乘客进站,做好解释工作,疏导围观乘客。 (4) 检查站厅客运设施情况,关闭AFC通道门
售票员	(1) 执行紧急疏散计划,马上停止售票,关停站台至站厅层的扶梯,组织乘客往站厅疏散,同时拦截进站乘客。 (2) 确认站厅乘客全部疏散出站,维持车站秩序。 (3) 将灭火工作交给消防队员,到出口集中。 (4) 准备恢复售票工作
站台岗	(1) 到监控亭穿上荧光衣,戴好防毒面具,到现场疏散车厢乘客并进行灭火。 (2) 检查确认站台没有遗留乘客。 (3) 将灭火工作交给消防队员,到出口集中。 (4) 到站台清理现场

续表

岗 位 名 称	岗 位 职 责
保洁岗	(1) 执行紧急疏散计划,停止保洁工作,迅速到车控室拿出入口锁匙,拦截乘客进站,等候消防队员的到来。 (2) 拦截乘客进站,做好解释工作;指引消防队员进站灭火;安抚受伤乘客,等候120救护人员。 (3) 到站台清理现场

二、列车在行进途中发生火灾的应急处理

在城市轨道交通火灾中,列车在行进途中发生火灾的比例最高。由于列车内部空间狭窄,人员密集,疏散途径少,救援难度加大,因此伤亡人员也最多。

1. 应急处理程序

列车在行进途中的火灾处理,通常分为两种情况:一是可以继续行驶至最近站进行灭火;二是停在区间隧道的应急处理。其中后一种情况处理难度更大。列车在行进途中发生火灾的应急处理程序如图 4-12 所示。

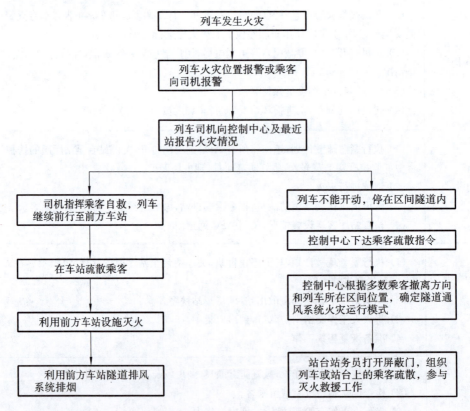

图 4-12　列车在行进途中发生火灾的应急处理程序

2. 注意事项

（1）列车在行进途中发生火灾，通常情况下应尽量驶入前方车站，利用前方车站来疏散乘客；如列车不能驶入前方车站，需要停在区间隧道，则必须利用列车前后端的两个紧急疏散门紧急疏散乘客。在运行过程中，隧道发生火灾且车头着火时，乘客从车尾下车后步行至后方车站；车尾着火时，乘客从车头下车后步行至前方车站；列车中部着火时，乘客从列车两端下车后步行至前、后方车站。

（2）在隧道火灾初期阶段，应按照以应急疏散为主，应急疏散和灭火救援协调统一的原则设定安全疏散路线和灭火救援路线。灭火救援应在应急疏散基本完成后展开。

（3）灭火救援交通流向应避免与应急疏散交通流向产生交叉，以防止产生新的交通事故和其他灾害。

（4）发生严重交通堵塞的隧道，消防车不宜靠近交通堵塞区域，灭火救援人员应充分利用隧道内的消防设施实施灭火救援。

3. 火灾应急处理岗位职责

列车在区间发生火灾的应急处理岗位职责如表 4-8 所示。

表 4-8　列车在区间发生火灾的应急处理岗位职责

岗 位 名 称	岗 位 职 责
值班站长	（1）接到行车值班员的报告后，立即通知厅巡或售票员带齐事故处理物品到站台做好灭火、疏散准备工作。 （2）穿上有"事故处理主任"标志的荧光衣，戴好防毒面具，指挥厅巡、护卫、售票员进入列车所在区间隧道，用灭火器或隧道消防栓灭火，并引导列车乘客疏散。 （3）组织站台乘客疏散，确认站台乘客全部疏散到站厅后报告车控室。 （4）消防队员到火场后，将灭火工作交给消防队员，命令参加灭火的员工疏散到站厅，确认乘客疏散完毕后，回到车控室。 （5）通过 CCTV 监控了解灭火情况，向行车调度员报告消防队灭火情况，确认火灾扑灭后报告行车调度员，请求恢复运营，并组织员工清理现场
行车值班员	（1）接到行车调度员或列车司机的火灾报告后，通过 CCTV 监视现场情况，命令站台岗将情况报告值班站长。 （2）报告行车调度员，要求停止车站运作和列车服务，并报派出所和 119、120，通过车站广播宣布执行紧急疏散计划，播放紧急疏散广播，按压 AFC 紧急按钮，关闭广告照明。 （3）与行车调度员、值班站长保持联系。 （4）报告行车调度员火灾现场情况，将指挥权交还值班站长。 （5）通知客运值班员"火灾已扑灭，准备恢复运营服务"，并向行车调度员报告
客运值班员	（1）迅速锁好点钞室门，到车控室，在车站计算机上关闭所有 TVM，拿对讲机和药箱迅速到站厅组织员工疏散乘客。 （2）组织站厅乘客的疏散，确认站厅乘客全部疏散出站后报告车控室，协助受伤的乘客。 （3）接到通知后，组织员工回站，准备恢复运营服务，回到车控室

续表

岗 位 名 称	岗 位 职 责
司机	（1）司机接报火警信息并判明火警位置后，迅速向行车调度员和就近车站报告；用广播安抚乘客，指引乘客使用车厢座位下的灭火器进行灭火。 （2）保持车速，尽量将列车驶进前方车站。如列车被迫区间停车后降下受电弓，打开车头紧急疏散门、梯；广播通知车尾乘客用备用钥匙打开尾端司机室疏散门，引导乘客疏散；报告行车调度员现场情况。 （3）协助乘客疏散，与行车调度员保持联系。 （4）司机回到列车，检查损坏情况，向行车调度员申请返车厂检修
厅巡	（1）迅速将所有AFC通道门打开，关停站台至站厅层的扶梯，到站台中部监控亭穿上荧光衣，戴好防毒面具，到现场灭火。 （2）继续进行灭火。 （3）将灭火工作交给消防队员，拦截乘客进站，做好解释工作，疏导围观乘客。 （4）检查站厅客运设施情况，关闭AFC通道门
售票员	（1）停止售票，关停站台至站厅层的扶梯，组织乘客往站厅疏散，同时拦截进站乘客。 （2）确认站厅乘客全部疏散出站，维持车站秩序。 （3）将灭火工作交给消防队员，到出入口集中。 （4）准备恢复售票工作
站台岗	（1）听到指令后立即打开事故一侧的隧道屏蔽门，到监控亭穿上荧光衣，戴好防毒面具，到现场疏散车厢乘客，并进行灭火。 （2）检查确认隧道没有遗留乘客。 （3）将灭火工作交给消防队员，到出口集中
保洁岗	（1）执行紧急疏散计划，停止保洁工作，迅速到车控室拿出入口锁匙，拦截乘客进站，等候消防队员的到来。 （2）拦截乘客进站，做好解释工作；指引消防队员进站灭火；安抚受伤乘客，等候120救护人员。 （3）清理站厅和站台

实训任务 1　观察火灾应急设施设备及分布

【任务目标】

以小组为单位，前往所在城市某一大型城市轨道交通换乘站参观学习，认真观察其火灾应急设施设备的分布情况，并尝试寻找与分析其火灾隐患。

【任务实施】

1. 组织形式

以学习小组(每组 4~6 人)为单位,通过查阅资料,搜集有关城市轨道交通火灾的案例,对城市轨道交通火灾形成基本认知。

2. 设备准备

多媒体教学设备、灭火器、消火栓、火灾探测器、防烟面具、荧光服等教具。

3. 演练过程及评价

以学习小组为单位,认知各类消防设施设备,操作消防栓与灭火器,穿戴防烟面具、荧光服等防护品,口述城市轨道交通火灾应急原则,进行组间交替检查。要求:认知各类消防设施设备及口述城市轨道交通火灾应急原则的正确率达到100%,操作消防栓与灭火器,穿戴防烟面具、荧光服等防护品应合理、规范、迅速。

4. 拓展提高

针对所选择的大型城市轨道交通换乘站,尝试寻找与分析其火灾隐患。

【任务评价】

实训任务 1 观察火灾应急设施设备及分布			
考核内容	分值		考核得分
1. 对城市轨道交通火灾形成基本认知	40		
2. 演练方案的完成情况(汇报效果)	20		
3. 演练过程考核(团队分工、角色设置、处理程序)	30		
4. 课堂表现及职业素养	10		
总体评价			
教师评价(40%)	小组自评(30%)	小组互评(30%)	学生姓名
		分数	

实训任务 2　站厅层火灾应急演练

【任务目标】

掌握火灾应急演练流程。

【任务实施】

1. 组织形式

进行站厅层火灾模拟,每个学习小组(8~12 人)按涉及的岗位设置行车调度员、值班站长、行车值班员、客运值班员、厅巡、售票员、站台岗、保洁岗等角色,开展火灾应急演练。

2. 设备准备

运营车站实训室,多媒体教学设备,灭火器、消防栓等灭火设备,防烟面具、荧光服等防护品以及临时导向标志、警戒绳、隔离栏杆、手持广播及扩音器等。

3. 演练准备

根据本任务学习情境,编制城市轨道交通车站站厅发生火灾时的应急处理预案和演练过程与实表。

4. 演练过程及评价

每个学习小组按不同角色进行演练,角色与角色之间进行轮换。要求:信息汇报内容具体、流程合理,演练步骤符合实际,各岗位处置得当、用语标准,工具设备使用合理且规范。

5. 拓展提高

以学习小组为单位,在运营实训室按不同岗位角色分工合作,模拟演练城市轨道交通车站站台(设备区)发生火灾时的应急处理流程。

【任务评价】

实训任务 2　站厅层火灾应急演练		
考 核 内 容	分　值	考 核 得 分
1. 掌握火灾应急演练流程的情况	40	
2. 演练方案的完成情况(汇报效果)	20	
3. 演练过程考核(团队分工、角色设置、处理程序)	30	
4. 课堂表现及职业素养	10	
总体评价		
教师评价(40%)	小组自评(30%)	小组互评(30%)	学生姓名
			分数

思考与练习

1. 不定项选择题

(1) FAS 有( )级监控。
A. 两级　　　　　　B. 三级　　　　　　C. 四级　　　　　　D. 五级

(2) 消防栓正确的使用方法为( )。
①打开阀门;②连接水枪;③连接水带;④按下水泵按钮;⑤打开阀门;⑥出水
A. ①②③④⑤⑥　　B. ①②④③⑤⑥　　C. ①③②④⑤⑥　　D. ①③④②⑤⑥

(3) 感烟式火灾探测器有( )。
A. 离子感烟探测器　B. 光电感烟探测器　C. 红外火焰探测器　D. 紫外火焰探测器

(4) 感温式火灾探测器有（　　）。
A. 定温探测器　　　　　　　　　　B. 差温探测器
C. 差定温探测器　　　　　　　　　D. 感可燃气体式探测器
(5) 城市轨道交通火灾具有（　　）的特性。
A. 突发性强,恐慌与混乱程度大　　B. 人员疏散困难,疏散速度慢
C. 火源探测与灭火救援困难　　　　D. 温度迅速上升,发烟量大,排烟排热差

2. 判断题
(1) 泡沫灭火器能扑救水溶性可燃、易燃液体火灾,如醇、酯等物质火灾。（　　）
(2) 碳酸氢钠干粉灭火器适用于扑救易燃、可燃液体、气体及带电设备的初起火灾。
　　　　　　　　　　　　　　　　　　　　　　　　　　　　　　　　（　　）
(3) 电子仪器仪表与精密仪器设备、电气设备可采用卤代烷灭火器灭火。（　　）
(4) 列车在行进途中的火灾处理,分为可以继续行驶至最近站进行灭火和停在区间隧道应急处理,后一种情况的应急处理难度较小。（　　）
(5) 灭火救援应在应急疏散基本完成后展开。（　　）

3. 简答题
(1) 简述城市轨道交通火灾应急处理原则。
(2) 简述列车在区间隧道发生火灾时,最近车站值班站长的应急处理岗位职责。

项目 5
运营伤亡事件应急处理

📑 项目描述

凡在城市轨道列车运行、调车作业过程中和乘客乘车有关的场所,因运营公司过错,造成乘客及非在岗作业的员工伤残死亡,均列为城市轨道交通运营伤亡事件。本项目的任务是掌握城市轨道交通乘客伤亡事件的处理程序,熟悉事故现场应急处理程序,掌握事故报告流程,能够对各种客伤事件进行预防及处理。预防乘客伤亡及员工工伤等人员伤害的发生,并在该类事件发生之后能进行迅速处理,掌握相关的急救知识,一旦发生人员伤害事件能分清责任、进行妥善处理,并从中受到教育。

📑 技能目标

(1) 能够进行自动扶梯客伤应急处理;
(2) 掌握心肺复苏术的使用时机,熟悉心肺复苏术的操作程序;
(3) 通过外伤止血急救处理演练,熟悉外伤止血急救处理的操作;
(4) 熟悉外伤止血急救处理的操作流程。

📑 素质目标

(1) 培养良好的岗位安全意识和职业素质;
(2) 熟练掌握各类规章制度,严格执行工作程序、工作规范、工作标准和安全操作规程。

📑 案例导入

2007年7月15日下午,上海轨道交通1号线上海体育馆站的站台上,一名男性乘客在上车时被夹在屏蔽门和列车门之间,列车启动后,该乘客被挤压坠落隧道,不幸身亡。10月16日,死者孙某的母亲将地铁的运营方和主管方及屏蔽门生产厂家告至上海市徐汇区人民法院,要求赔偿经济损失118万余元。

上海轨道交通1号线和4号线都安装了屏蔽门。1号线的屏蔽门是通过信号联动而自动开关的,即列车门、屏蔽门两扇门同时关闭,若有心急的乘客趁着屏蔽门没有完全关闭时往里冲,那么这个时间差可能导致乘客进了屏蔽门而车门已经关上了。而4号线的屏蔽门是由人工控制的,一般是车门关闭后两三秒再行关闭,这样就可以避免类似事故的发生。

惨剧发生后,地铁公司在屏蔽门上贴出了醒目的黄色警示标语,并在列车进站时的广播中提醒乘客,在上车时注意列车蜂鸣器与屏蔽门灯光发出的警示。地铁公司还提醒乘客,一旦发生危急状况不要慌张,车门内的紧急拉手可以应对突发情况,屏蔽门内也有紧急拉手,可以帮助受困乘客解围。

任务 1　乘客伤亡事件应急处理

任务导入

2006年10月18日下午,一男子在某地铁车站突然跳下站台,与正在进站的列车相撞,当场死亡,列车中断运营近50 min。据现场目击者介绍,该男子是在列车即将进站时突然跳下站台的,列车司机发现后立即采取了紧急制动措施,但由于距离过短,此人仍被列车撞倒。地铁运营部门迅速将该线路所有内环运行列车暂扣在邻近车站,并告知和疏导乘客换乘外环地铁。事情发生后,车站工作人员第一时间通知相关部门,及时采取断电措施实施救助,随后公安部门对现场进行了勘查处理。

如果你是一名地铁车站站台工作人员,遇到此事件,你该如何处理?

任务描述

利用多媒体课件在教室内进行理论教学,并在运营实训室按不同岗位、角色进行分工合作,模拟演练客伤事件的现场处理过程,要求明确客伤事件的防控措施,尽量降低客伤事件带来的影响。

知识准备

一、乘客伤亡事件的基本概念

1. 乘客伤亡事件的定义

乘客伤亡事件是指乘客在城市轨道交通管辖的运营区域发生的人身伤害及伤亡事件,简称客伤事件。随着客流的增长,客伤量也明显增加,尤其是扶梯客伤的持续发生,成为客伤处理的难点。同时,由于社会关注度及乘客维权意识的日益增强,地铁客伤事件呈现"难控制、难处置、难善后"的特点。

客伤事件发生的时间段集中在早高峰后及晚高峰期间,是每天控制客伤事件发生的重点时段。同时,节日期间客流增大,也是客伤事件发生的高峰期。

2. 乘客人身伤害范围

(1) 自乘客验票进入闸机时起至出闸机时止,对运输期间发生的乘客人身伤害,轨道交通运营企业承担运输责任。通常包括(但不限于)以下情况:

①城市轨道交通设备设施损坏未及时修复且未设置警示、防护造成的;

②城市轨道交通施工作业造成的;

③列车紧急制动造成的;

④城市轨道交通范围内垂直电梯、自动扶梯突然停止运行或启动造成的;

⑤屏蔽门、车门夹人造成的(属乘客强行上下车的情况除外);

⑥城市轨道交通设备设施发生故障造成的;

⑦车站或列车内湿滑未及时清理或未设置防护警示造成的(因不可抗力造成的除外);

⑧闸机夹人造成的(乘客强行出闸,无票尾随出闸等情况除外)。

(2) 其他非乘客自身责任造成的人身伤害:

①无票人员在城市轨道交通付费区内发生的人身伤亡,比照乘客办理;

②无票人员(包括已购票但未验票入闸的人员)在城市轨道交通非付费区内发生的人身伤亡,因城市轨道交通设备设施或管理所致的,比照乘客办理;因其自身原因导致的,城市轨道交通运营企业原则上不予承担责任。

(3) 对于下列情形之一造成的乘客人身伤害,城市轨道交通运营企业不承担运输责任:

①违反"城市轨道交通运营管理办法"而造成的乘客本人或他人伤害;

②不可抗力造成的乘客人身伤害;

③自身健康原因造成的乘客本人或他人伤害;

④能证明是故意、重大过失造成的乘客本人或他人伤害;

⑤因第三者责任(包括斗殴或制止斗殴)造成乘客人身伤害时,受害者直接向施害的第三者索赔,城市轨道交通运营企业原则上不予承担责任;

⑥利用城市轨道交通车站通道穿行或在车站逗留、休息等的无票人员,因自身原因造成的伤亡,城市轨道交通车站只提供基本援助(如拨打"120"等),原则上不予承担责任。

3. 客伤事件产生原因及应对措施

1) 客伤事件的产生原因

①设施设备不完善;

②乘客自身防范意识差;

③服务指引不到位;

④季节和天气因素;

⑤客流量大;

⑥车站卫生状况差;

⑦内部管理不善。

2）客伤事件的应对措施

①加强法律学习，掌握法律依据；

②规范设备采购和日常管理；

③转变用户群体观念与行为；

④加强服务指引及设备设施；

⑤规范运营单位日常管理。

如何避免客伤事件的发生？

（1）站厅工作人员遇老、幼、行动不便乘客注意提醒、帮助，加强站间联控制度，将需要帮助的乘客的情况通报其目的地车站，目的地车站的工作人员注意护送其出站。

（2）遇两名乘客齐抬重物以及乘客推有重物的手推车或推有人的轮椅时，不允许其乘坐电梯。

（3）遇大雨、大雪天气，及时采取防滑措施：铺设防滑物品如地毯、麻袋等，设置防滑警示标志，及时清除站内的积水、积雪。

（4）发现乘客在乘坐电梯时摔倒，应立即关停电梯，并按照应急处理预案进行处置。

（5）站台岗注意防止乘客抢上抢下列车，当发现列车夹人夹物时，立即采取应急性安全措施，按压紧急停车按钮及通知司机。

（6）注意在客伤现场取证及寻找目击证人，留下证言和证人联系方式。

（7）及时报保险公司备案。

二、乘客伤亡事件应急处理办法

1. 客伤事件处理原则

（1）要以维护城市轨道交通公司形象、保护城市轨道交通公司利益为原则，以人为本，给予乘客以必要的帮助。

（2）车站在处理客伤事件时要第一时间进行取证，尽可能得到旁证及当事人签字确认。

（3）及时将（前期）处理结果报告相关部门，以备后续处理。

2. 客伤事件应急处理程序

客伤事件应急处理程序（见图5-1）如下：

（1）车站工作人员发现或接到受伤乘客求救时，应立即报告当值值班站长并赶赴现场，初步了解伤（病）者情况及原因。各岗位人员行动指引如表5-1所示。

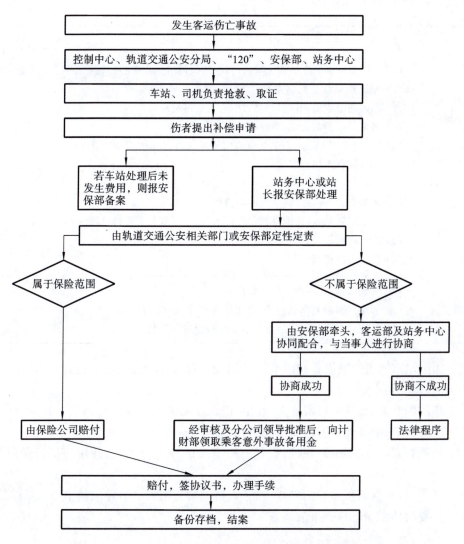

图 5-1　客伤事件应急处理程序

表 5-1　乘客受伤时的各岗位人员行动指引

岗　位	职　责
值班站长	(1) 马上赶赴现场,疏散围观乘客; (2) 安抚乘客并与乘客进行沟通,了解情况; (3) 对伤势轻微的伤者或需要急救者进行简单救助,如伤者伤势严重,应及时拨打"120"急救电话; (4) 寻找目击证人,按照城市轨道交通运营企业相关规定做好取证记录; (5) 安排人员保护现场(如需恢复现场,应在恢复现场前进行拍照取证)并做好记录,收集有关资料,并协助保险公司或公安进行处理; (6) 如因城市轨道交通设备造成事故,应停止该设备运作(影响列车运行的设备除外),并通知维修部门到现场进行检查处理,并出具相关运行记录; (7) 汇总资料,上报车务部综合技术室和安全监察部

续表

岗 位	职 责
行车值班员	（1）立即报行车调度员和保险公司，视情况请求急救中心和轨道交通公安支援，再按照城市轨道交通运营企业相关规定进行汇报； （2）派人到指定出入口引导急救中心人员进站； （3）将情况报告站长、车务部有关人员； （4）通过CCTV观察现场，加强与值班班长、行车调度员的联系； （5）尽可能联系伤者家属
车站其他员工	（1）需要时，对乘客外伤进行简单救护； （2）疏散围观乘客，协助寻找目击证人，记录证人有关资料，以便协助调查； （3）设置隔离带，保护好现场； （4）协助事故调查
行车调度员	（1）接到报告后，报告主任调度员； （2）如事件影响列车运行，则应扣停列车，调整列车的运行； （3）按照城市轨道交通运营企业相关规定进行汇报

（2）如因城市轨道交通设备造成事故，应立即停止该设备运作（影响列车运行的设备除外），并报告车站控制室。

（3）疏散围观群众，寻找目击证人，收集、记录有关证人资料。

（4）需要时，对乘客外伤进行简单的包扎处理。

（5）如调查需要，应保护好现场，必要时对有关区域进行隔离，并用相机记录现场有关情况。

（6）必要时，根据值班站长的安排，站务人员到紧急出入口引导急救中心人员进站。

（7）必要时协助警方进行事故调查。

三、乘客伤亡事件的责任界定

城市轨道交通统计数据显示，随着客流量不断攀升，客伤数量逐年增加，尤其是扶梯客伤的持续发生，成为城市轨道交通企业客伤处理的难点。目前媒体对客伤案件的关注度较高，乘客的索赔意识强，常常采取纠集多人滞留车站、在网上或媒体上虚假宣传、直接到城市轨道交通企业争吵等不正常途径解决问题，一味坚持"只要在城市轨道交通范围内受伤，城市轨道交通企业就应该负责"等错误观念，不听工作人员的解释，给客伤事件的处理带来了很大困扰。

具体而言，客伤事件发生后，可依据以下流程处理：

（1）明确客伤事件发生的地点，初步确定是否属于城市轨道交通企业责任范围。

①上列车到下列车之间的列车运输过程中，如脚踏进列车与站台空隙、落轨/进入线路、在列车内受伤、因车门/屏蔽门开关而受伤等，一般属于城市轨道交通企业承担无过错责任的范围，只有在证明是乘客的故意行为或自身健康原因导致的情况下，企业才能免责或减轻责任。

②在站厅、站台以及城市轨道交通企业拥有产权的通道、出入口内，乘客发生如扶梯摔伤、站内摔伤、闸机夹伤/刮伤等，一般属于过错责任的范围，城市轨道交通企业依据过错程度按比例承担相应责任，即有过错才有责任，无过错即无责任；过错大则责任大，过错小则责任小。

(2) 确定乘客是否有故意或过失行为，城市轨道交通企业是否尽了安全保障义务，做好证据收集工作，用以减轻或免除城市轨道交通企业的责任。扶梯和屏蔽门客伤证据收集要点分析如表 5-2 所示。

表 5-2　扶梯和屏蔽门客伤证据收集要点

	证明乘客有责的证据要点	减轻或免除城市轨道交通企业责任的证据要点
扶梯摔伤	(1) 乘客携带大件行李，没有握紧扶手带（通过录像或目击证人笔录、口述录音证实，注意询问当事人姓名，从而保证证据效力）； (2) 在扶梯上奔跑打闹（通过录像或目击证人笔录、口述录音证实）； (3) 自身健康原因造成的，如突发疾病（通过录像、录音观察当事人精神状态或通过病历了解）； (4) 乘客是老人或小孩时没有家人陪同（可以证明家人没有尽到照顾的义务，可以适当减轻城市轨道交通企业的责任）； (5) 第三方蓄意伤害，如打架等（可以证明由第三方承担责任，交公安处理）	(1) 扶梯的运行是否正常（如果通过录像无法直接观察到客伤发生位置，可以通过扶梯两端的运行状态录像或前后乘客上下扶梯的状况进行判断，注意保存这些位置的录像）； (2) 警示标志是否完好无缺（注意通过录像或拍照的截图证实事发时间城市轨道交通企业的警示标识是完好无缺的，如果可能，图片中尽量同时包括当事人和警示标识，确保图片证据的效力）； (3) 乘客当时的精神状态、受伤的部位、程度等（如果通过录像、录音证实乘客有突发疾病或醉酒状况，城市轨道交通企业可以免责）； (4) 扶梯检修记录（注意保存好扶梯检修单）
因车门/屏蔽门开关而受伤	(1) 乘客有手扶车门/屏蔽门或倚靠车门/屏蔽门、冲门、阻拦车门或屏蔽门关闭的故意行为（主要通过站台录像或目击证人录音证实，因此，客伤处理人员到现场处理时务必携带录音笔，以便取证）； (2) 打架、第三方蓄意伤害等故意行为（报公安机关处理，城市轨道交通企业注意不要介入到当事人的纠纷中，避免受害者将责任转移到企业）； (3) 乘客携带大件行李，延误车门或屏蔽门关闭（注意确定上行或下行站台屏蔽门/车门的编号，描述乘客行李大小及数量，有条件的最好拍照保存）； (4) 自身健康原因造成的，如突发疾病	(1) 确认站台边缘是否有障碍物，地面是否有水渍或油污等（通过现场录像或拍照证实，注意将当事人拍摄进图片中，增强证据的说服力和关联性）； (2) 确认事情发生时屏蔽门的状态：开/关门提示音是否响起，车站广播是否有提醒； (3) 确认开/关门状态是否正常（查看车载摄像头或站台摄像头的监控录像）； (4) 确认警示标志是否完好无缺（图片中尽量同时包括当事人和警示标识，确保图片证据的效力）

四、典型乘客伤亡事件应急处理

对客伤事件的类别进行统计后发现,乘客在扶梯上受伤与车门、屏蔽门夹伤事件占客伤事件的大多数。某地铁客伤事件统计如表 5-3 所示。

表 5-3 某地铁客伤事件统计

客伤类别	数量/件	比例/(%)
自动扶梯摔伤	275	53.30
车门、屏蔽门夹伤	79	15.31
站内摔伤	51	9.88
脚踏列车站台空隙	38	7.36
闸机开关门受伤	8	1.55
治安事件	24	4.65
第三方原因	28	5.43
其他	13	2.52

1. 自动扶梯伤亡事件处理

车站扶梯群体性或严重性客伤事件应急处理程序如表 5-4 所示。

表 5-4 车站扶梯群体性或严重性客伤事件应急处理程序

岗位	处理程序
现场(或首先赶到的)员工	(1) 现场发现或接收到扶梯发生人员伤亡事故的信息后,立即到现场处理; (2) 大声通知乘客"紧急停止,请抓住扶手"后,按下紧急停止按钮,引导其他乘客安全离开扶梯; (3) 将现场情况报告给车控室; (4) 挽留至少两名目击者做证人; (5) 将目击证人移交给客运值班员; (6) 听从值班站长指挥,协助安抚伤员
行车值班员	(1) 通知值班站长、客运值班员到现场处理,安排人员到现场维持秩序,封锁现场; (2) 报中心站长、轨道交通公安、"120"、行车调度员、部门负责人; (3) 安排人员暂停扶梯的使用,并做好防护工作,未得到事故处理负责人的允许,严禁任何人动用该扶梯; (4) 安排保洁(或其他员工)到车站出入口接应"120"人员,记录"120"人员到达车站的时间和离开车站的时间; (5) 记录好整个事件的处理经过

续表

岗　　位	处 理 程 序
值班站长	（1）担任事故处理主任，赶往现场，初步确认现场受伤乘客人数、伤情及扶梯周边客流情况，判断是否需要相关车站派人支援，确认需要支援的地点、人数及工作内容，确保支援人员及时到位； （2）做好现场取证工作； （3）转移受伤乘客到扶梯旁边的空地，安排人员对受伤乘客进行安抚和初步救治； （4）如果受伤人数较多，对于伤势轻微的，在征询乘客意见后将其转移到车站会议室，做好乘客的安抚工作，对于伤势较重者，就地进行关心和询问，安慰其耐心等待"120"的救助，并根据现场情况进行围蔽，但要保持必要的通风； （5）如果受伤乘客已经昏迷，安排人员将其转移到客流较少的出入口通道内； （6）如果受伤乘客的身体部位被扶梯卡住而无法取出，确认受伤部位和乘客状况，立即报"119""120"； （7）密切留意现场是否有乘客用手机拍照或打电话的情况，如发现有异常情况，及时安排人员上前表示关心和慰问，分散其注意力； （8）现场伤者转移完毕，扶梯设备经维修人员检修并确认安全后，车站现场恢复运营秩序（如公安机关要求保持现场状况，按公安要求办理）
客运值班员	（1）到现场负责跟进目击证人的工作，将目击证人带到会议室书写事件经过； （2）对现场扶梯警示标识、地面状态及伤员情况等进行拍照、录音； （3）对于伤势较轻、能自行走动的乘客，安排其他员工扶他们到会议室等地进行笔录等工作
保洁（或其他员工）	在车站出入口接应"120"人员到事发现场

（1）值班站长接到事故报告后，迅速组织人员赶赴现场。

（2）在事故情况较为严重，须临时关闭自动扶梯的情况下，要立即启动紧急停机装置，期间要对正在乘坐扶梯的人员做好提醒工作。关闭扶梯后，要封锁扶梯的上下两端，并做出"该扶梯停止使用"的文字说明。

（3）对受害人员进行紧急救治。在伤者伤势较轻且车站有能力救护的情况下，将伤者带离事故现场进行救治。否则，立即拨打"120"，在至少有一名车站员工陪同的前提下，前往指定医院进行救治。

（4）挽留目击者，了解事故概况并做好记录，同时保留目击者的个人资料（姓名、住址、单位、联系方式等）。

（5）如受害人已经死亡，应向驻站警务人员报告，并协助进行处理。处理过程中，要对事故现场进行隔离，疏散围观群众，维护正常的运营秩序。

（6）事故处理完毕后，要尽快清理事故现场并对自动扶梯进行相应检查。确认其性能良好后立即恢复正常运行。

> **案例分析**
>
> **自动扶梯客伤事件**
>
> 1. 事件概况
>
> 2006年7月19日下午15:50许,一名女乘客在某地铁站南端站厅付费区搭乘上行自动扶梯时,违反安全乘坐扶梯的要求,站在扶梯左侧并且将身体上半部伏在扶梯扶手上,回头向下张望。当该乘客运行至扶梯与站台顶板夹角处时,头部卡在夹角处,导致伤害事故发生。两名乘客将其搀扶至扶梯上口并告知车站值班人员,当班站长与值班人员立即取急救箱赶到事发区域,迅速为该乘客进行包扎,并应乘客的要求及时通知家属,同时将该乘客送往下瓦房医院。
>
> 2. 原因分析
>
> 当时自动扶梯处于正常运行状态,并设有"小心碰头"标志,乘客头部卡在夹角处是由于其自身原因,因此,此事件的责任不在城市轨道交通单位。
>
> 3. 处理措施
>
> (1) 在确认此事件责任不在运营单位的情况下,与乘客进行协商。考虑到事情发生在城市轨道管辖范围内,出于人道主义,同意给予乘客适当经济补偿。
>
> (2) 签订客伤处理协议,约定补偿后,双方不再在经济等各方面存在任何关系。

2. 车门/屏蔽门夹人夹物事件处理

1) 车门/屏蔽门夹人夹物处理要点

①站台保安应站在站台两端的楼扶梯口值岗,车门和屏蔽门关闭之际,应尽可能提前阻止乘客抢上抢下,发现夹人夹物后,就近人员须第一时间采取有效措施,如立即按压紧急停车按钮(在去按压紧停按钮的途中,可向司机显示停车手信号),避免夹人夹物动车。

②行车值班员在列车到站期间应加强监控,观察站台保安/站台人员是否有异常,需要时,可按压MCP盘紧停按钮。

③司机在关门期间应重点监控是否有抢上乘客,如有,不要急于动车,应重点观察站台保安/站台人员是否显示紧停手信号。

④列车车门夹人夹物动车后应及时汇报清楚(包括夹人/物车门位置和编号等),并由司机统一处理,车站不得开启屏蔽门或应急门来处理车门夹人夹物。司机动车后接到夹人夹物处理命令后,应先进行客室广播(如列车临时停车广播),再迅速前往现场处理。

⑤车站站台人员应熟记车站楼扶梯口对应的列车车厢号码和车门编号,便于及时、准确地汇报。

⑥车站人员及时通知自动监控部调度恢复站台紧急停车按钮盖板。

2) 列车未启动时的处理程序

①如接到报告或观察到夹人(夹物),立即重新打开车门和屏蔽门,待人和物撤离后,再关闭屏蔽门和车门。

②当司机发现而站台保安未发现夹人夹物处所时,应通过端墙电话通知车控室,各岗位行动指引如表5-5所示。

表 5-5 列车未启动时的各岗位行动指引

岗 位	职 责
站台保安/站台人员	（1）发现列车车门/屏蔽门夹人夹物且没有自动弹开释放后,立即就近按动紧急停车按钮(在去按压紧停按钮的途中,可向司机显示停车手信号); （2）在赶赴现场查看的同时将情况报告车控室; （3）将人或物撤出后,向车控室报告,并向司机显示"好了"信号,值班站长到场后,协助调查处理
行车值班员	（1）发现异常或接到报告后,通知值班站长前往处理,并向行车调度员汇报; （2）通过CCTV观察现场情况; （3）需要时,通知公安或运管办到现场协调处理; （4）接到人或物撤出的通知后,取消紧停,并汇报行车调度员
值班站长	（1）赶赴现场处理,调查事件原因; （2）如发生客伤事故,按客伤处理程序办理; （3）如是乘客抢上抢下造成的事故,寻找目击证人,并记录详细资料; （4）事件处理完毕后,将有关情况通报行车调度员,对乘客进行教育,对蛮不讲理的乘客,通知运管办到场处罚
司机	（1）如接到报告或观察到夹人夹物及站台人员显示停车手信号后,应重新打开车门和屏蔽门,待人和物撤离后,再关闭屏蔽门和车门; （2）当司机发现而站台保安未发现夹人夹物处所时,应通过端墙直线电话通知车控室; （3）凭站台保安"好了"信号,关闭车门和屏蔽门,确认车门、屏蔽门无夹人夹物及屏蔽门和车门之间空隙无滞留人或物; （4）凭行车调度员指令动车
行车调度员	（1）接到报告后,了解现场情况,必要时,指示有关人员按章处理,监控事件处理经过和结果,提醒相关人员防止夹人夹物开车; （2）接到事件处理完毕的报告后,提示司机动车

③凭站台保安"好了"信号,关闭车门和屏蔽门,确认车门、屏蔽门无夹人夹物。

3) 列车已动车时的处理程序

①列车产生不明原因紧急制动后,汇报行车调度员(如运行中获知夹人夹物信息应立即停车),各岗位行动指引如表 5-6 所示。

表 5-6 列车已动车时的各岗位行动指引

岗 位	职 责
站台保安/站台人员	（1）发现列车车门/屏蔽门夹人夹物,列车已启动后,立即就近按下紧急停车按钮; （2）立即将情况报告车控室,如列车尚未出站且所在位置在站台有效范围内,应前往夹人夹物现场了解情况和处理; （3）如列车未停车,应立即报车控室

续表

岗 位	职 责
行车值班员	(1) 发现异常或接到报告后,立即向行车调度员汇报,并通知值班站长到现场处理(如列车未停止运行,应立即向行车调度员汇报,不能与行车调度员立即通话时,应通知前方站扣停列车进行处理); (2) 利用CCTV观察现场情况; (3) 需要时,通知公安或运管办现场协调处理; (4) 接到行车调度员通知后,取消紧停,恢复正常运作
值班站长	(1) 赶赴现场,协助司机处理; (2) 调查事件原因,并检查是否对车站设备造成影响,将有关情况通报行车调度员
行车调度员	(1) 接到报告后,通知司机前往现场处理; (2) 通知前方站安排人员到指定车厢了解情况和采取相应的处理措施; (3) 接到司机夹人夹物事件处理完毕的报告后,通知车站取消紧停,指示司机动车; (4) 如对设备造成影响,还应通知相关部门前往处理和指示后续列车的运行
司机	(1) 列车产生不明原因紧急制动后,汇报行车调度员(如运行中获知夹人或夹物信息应立即停车); (2) 接到行车调度员(乘客报警)有关夹人夹物的处理指示后,确认具体位置,做好乘客安抚广播; (3) 携带800 M电台前往现场,采用单个车门紧急解锁方式进行处理(解锁前要确保附近乘客的安全),严禁按压驾驶室门控按钮开门; (4) 处理完毕后,恢复车门,汇报行车调度员,凭行车调度员指令动车

②接到行车调度员有关夹人夹物处理的指示后,确认具体位置,做好乘客安抚广播。

③前往现场,采用单个车门紧急解锁方式进行处理(解锁前要确保附近乘客的安全),严禁按压驾驶室门控按钮开门。

④处理完毕,恢复车门,汇报行车调度员。凭行车调度员指令动车。

4) 接报非站台侧车门夹人夹物后有关人员的处理程序

①接到行车调度员通知或紧急报警,得知车门夹人夹物后,前往现场处理(携带800 M无线便携台)。

②采用单个车门紧急解锁方式妥善处理夹人夹物(解锁前要确保附近乘客的安全)。处理完毕,恢复车门。

③如在站台,根据站台工作人员"好了"手信号关门,确认车门、屏蔽门无夹人夹物。如在区间,则汇报行车调度员。

想一想

发生屏蔽门夹人夹物时,何时才能按压紧停按钮?

(1) 车务人员发现车门与屏蔽门间隙有乘客或物品滞留,车门、屏蔽门已经正常关闭,且检测设备显示正常时;

(2) 车务人员发现车门夹人夹物,车门、屏蔽门已经正常关闭,检测设备显示正常,且列车尚未动车时;

(3) 车门夹物,车门、屏蔽门已经正常关闭,检测设备显示正常,列车已经动车,站台岗观察所夹物品影响行车时;

(4) 列车因车门检测电路故障启动车门旁路,车务人员发现任何夹人夹物的情况时;

(5) 屏蔽门出现故障启动互锁解除,车务人员发现任何夹人夹物的情况时。

案例分析

列车车门的客伤

1. 事故情况

一名乘客在某地铁车站站台下行线越过安全线候车,在列车停稳开门的瞬间,该乘客被身后的乘客推挤,致使其右手撑扶在移动中的列车车门上,因反应不及而夹插在车门的缝隙间,该乘客本能地将被夹住的右手往外拉,致使其右手大拇指第一节脱落。

2. 原因分析

(1) 该乘客违反了《地铁管理条例》及《地铁乘客守则》中的有关规定;

(2) 发生拥挤时本人缺乏自我保护意识;

(3) 个别乘客缺乏社会公德;

(4) 该事故的责任在乘客本人。

3. 善后处理

事发后,车站予以简易处理,后出于人道主义精神送伤者至医院抢救;在了解和收集有关资料的同时,为其联系单位和亲友。

案例分析

列车车门夹物事件

事件经过:

14:48,1Q247列车在西单下行出站时,因安全门系统向信号系统反馈安全门打开的信号,信号系统向列车发布紧急制动指令,车头越过停车标后停车。

14:51：车站人员现场检查后，确认下行第 15 道安全门处一背包被夹在车门外，在列车车门关闭的情况下无法取出。

14:53：列车退行后开启车门，乘客将背包拽回车内。

14:58：列车重启车载信号系统（以下简称 VOBC 系统）后发出。

1Q247 列车在西单站进行站台作业完毕后正常发车，行驶大约 20 m 后列车紧急制动停车。查看信号系统设备的回放记录，在 007 列车发车后，信号系统接收到来自安全门系统的安全门开启信号，信号系统将西单站下行站台区域轨道关闭，并取消已经排列好的 007 列车的发出进路，引发 007 列车紧急制动。依据安全门系统的相关记录，在 007 列车发车后安全门系统捕捉到间隔小于 1 s 的安全门打开、闭合信号。依据行车调度员命令，2 名站务人员对安全门及车门情况进行查看。站务人员在第 15 道滑动门处发现 M1 车 A1 门夹住背包。

背包是双肩背的样式，颜色为深色，约 A3 纸大小，包不是装满物品的状态，包的厚度约 10 cm，背包带的厚度不足 10 mm。背包的一条背包带已经断掉，与背包一同位于车门和安全门之间，高度约为成年人大腿的高度。背包的另一条背包带被车门夹住，从站台侧未看到用于调整松紧的背包带扣，站务人员判断该背包带扣被夹在车门内侧，从外侧无法将背包取出。

现场处理：

行车调度员安排列车退行，对标停车并开启车门。司机使用非限制人工驾驶模式退行且对标停车后打开列车车门，乘客自行将书包收回。随后列车重启 VOBC 系统，重启成功后列车发出。

此事件造成 6 列列车延误（5 分以上 2 列），最多晚点 6 min。

任务 2　道床伤亡事件应急处理

任务导入

城市轨道交通进入网络化阶段后，如果发生乘客进入轨道的事件，将会对整个线网运营造成很大的影响，并极有可能导致伤亡事件发生。

在站台设立屏蔽门和安全门的条件下，大多数乘客通过翻越屏蔽门进入轨道是为了捡拾掉落的物品，或者是在乘车时进入相反站台，欲通过轨道到达对面站台，还有就是个别轻生的乘客一时想不开，欲进入轨道自杀。另外，在车门关闭而屏蔽门未关闭的情况下，乘客夹在其中央，此时司机开动列车也会将乘客卷入轨道。道床伤亡应急处理卡片如图 5-2 所示。

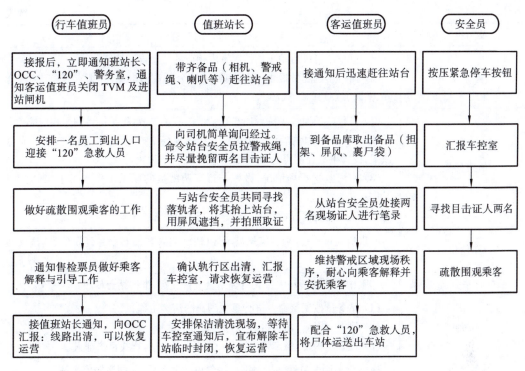

图 5-2　道床伤亡应急处理卡片

任务描述

（1）掌握人员擅入轨行区的应急处理流程。
（2）掌握地外伤亡事件的应急处理流程。

知识准备

一、人员擅入轨行区的应急处理

当遇到有人员擅自进入轨行区时，站务员主要负责协助事故处理主任（值班站长）进行以下工作：及时报车站控制室（值班员报行车调度员，行车调度员做好行车安排）；在现场寻找两名目击证人，配合调查取证；待线路防护好后跟随值班站长，穿好荧光衣，携带对讲机、手电筒，进入线路寻找擅自进入的人员。轨行区掉落人员应急处理流程如表 5-7 所示。

表 5-7　轨行区掉落人员应急处理流程

涉及岗位人员	行 动 内 容
站务员	（1）站务员发现事故发生后，须立即启动事故发生一侧线路的紧急停车按钮； （2）向值班站长报告站台发生轧人事件，并通知追拍车站控制室内的紧急停车按钮

续表

涉及岗位人员	行动内容
行车值班员	(1) 行车值班员启动车站控制室内相应的紧急停车按钮； (2) 向行车调度员报告以下事项：申请分断牵引电流，并请求紧急支援（公安、消防、急救）
值班站长	(1) 值班站长通过手持台通知车站员工有关事故，将手持台调至相应频道； (2) 接到OCC的指示后，值班站长担任现场指挥，指挥事故处理，启动应急预案，设置事故控制点，直到事故处理主任到达为止； (3) 密切监视现场情况，做好与行车调度员的联系工作和对上级的汇报工作； (4) 确认现场情况，通知站务人员启动客流控制方案
行车值班员	值班员通过广播、乘客信息显示屏（PIS）向乘客发布服务延误信息，建议换乘其他交通工具
客服中心站务员、安保	客服中心站务员和安保人员到站台进行支援，维持站台秩序
站务员	(1) 站务员按调度命令进行事发列车的清客工作； (2) 清客完毕后，向司机显示一切妥当手信号； (3) 设置防护带，稳定乘客情绪，引导乘客出站，查找目击证人
行车值班员	接到行车调度员通知接触网已经停电的命令后，立即通知值班站
值班站长、值班员	(1) 从事故列车司机处收取列车钥匙； (2) 获得行车调度员授权后，立即前往事发地点并穿戴好安全防护； (3) 接管现场，向司机和站台人员（如有必要）询问事故详情
站务员、值班员	(1) 搜索到被撞人员之后，若伤员并非被压在车轮下，可以移动伤员； (2) 发现伤员后，用粉笔做好人员在落轨位置的标记
行车值班员	按照行车调度员的指令，在需要的时候启动AFC降级模式
值班站长、值班员、站务员	(1) 将伤者移离轨道； (2) 有急救证的员工给伤者进行初期的伤势处理，并通知其家属
站务员	(1) 通知紧急出口人员准备迎接救护人员，并告知其伤员安置的位置； (2) 当急救人员抵达时，应向急救人员的主管讲述当时的情况，立即将伤员交给救护人员处理； (3) 引领急救人员将伤员从紧急出口抬离车站
值班员	(1) 与行车调度员联系，通知各岗恢复正常运营； (2) 如司机不能继续驾驶列车，通知行车调度员尽快安排替代司机
值班站长	(1) 在不影响运营的时段，安排工作人员用粉笔画出乘客在轨道上的倒地位置，并用沙遮盖血渍； (2) 通过手持台命令车站员工将手持台频道调回车站频道，并恢复车站正常运营； (3) 将手持台频道调回车站频道，取消管制
车站人员	配合公安人员调查

案例分析

乘客擅自进入区间(3级B类事故)

2009年6月17日9:47—9:55,一男性乘客由某地铁T站站厅专用通道进入付费区,乘下行电梯到达下行站台,由下行站台东端下到区间,翻越三轨到达上行区间,爬上隔音屏,在隔音屏上向Q方向行走。9:57,维修部工作人员在上行站台看到T至Q区间约150 m隔音屏转弯处有人在向Q站方向行走,且上行列车正驶到此处并减速。他将此情况告知下行站务员,站务员朝此方向看了一下,无法确定是否有人,于是到紧急停车按钮旁呼叫车控室,告知值班员,值班员通过CCTV观察未发现异常后通知值班站长上站台查看。9:58,值班站长上到下行站台,此时上行站台列车正在站内关门,下行列车已停于区间约150 m转弯处。A05车司机从T站下行出站后,发现区间有人正从上行翻越接触轨到下行,立即鸣笛并采取紧急制动,停车后开门查看,发现该男子在列车头部右侧倒地受伤,立即报告控制中心。

9:59,行车调度员通知T站和Q站准备担架下区间救援。10:03,接触轨停电,T站值班员和站务员、Q站值班站长和保安四人于10:07到达事发地点,10:25将此人抬到Q站交给"120"送往军工医院救治。10:28恢复运营。

1. 存在问题

(1) 未严格执行"专用通道管理办法",专用通道未锁闭;

(2) 9:00、9:30两次站厅与站台换岗时间段(较短),站厅处于无人管理状态;9:43,BOM岗去卫生间未通知站长,导致站厅第三次处于无人管理状态,伤者进入车站(9:45—10:00因技术问题无录像),导致事故发生;

(3) 值班员在岗疏忽对站厅、站台的CCTV监控,未及时发现人员未购票进站且进入区间;

(4) 站台岗工作期间坐在椅子上,未能严格执行站台岗位的巡视职责;

(5) 值班站长未能及时掌控车站各岗位换岗情况和补岗到位,负有车站管理责任。

2. 整改措施

(1) 车站各岗位要严格按照作业标准作业,加强安全巡视,不得脱岗,不得在岗位上做与工作无关的事情;站台岗除了接送列车外,还要在列车间隙加强巡视,密切关注乘客动态,及时提醒乘客不要逾越黄线,不要在站台上嬉戏、打闹。

(2) 站台岗要站在视野开阔的位置,若站在楼梯口等影响视野的地方值岗一律视为脱岗。

(3) 车站专用通道平时要上锁,对于需要使用专用通道的乘客,要认真查验其车票或免费证件,使用完后注意恢复上锁状态。

(4) 车站员工要提高警惕,对于疑似影响安全的情况一律按照"疑似从有"的原则,及时采取按压紧急停车按钮等安全措施,防止安全事故的发生。

(5) 值班员应加强监控,特别是两车同时进站时,应注意加强对无站务员值守的一侧站台情况的监控;平时注意增加安全宣传广播次数,加强对乘客的安全宣传。

（6）值班站长应加强班组管理，在班中加强巡视，对违章违纪情况要及时制止并纠正，严格按照考核制度进行考核；加强员工安全意识和岗位责任意识教育，不断提高员工的综合业务素质，提高员工履行岗位职责的自觉性，防范乘客受到意外伤害，将乘客的损伤降至最低限度。

（7）在现场救援过程中注意取证。

二、地外伤亡事故的应急处理

凡在城市轨道交通列车运行和调车作业中，发生列车撞轧人员、与其他车辆碰撞等情况，招致城市轨道交通外部人员及非在岗作业的城市轨道交通员工伤残死亡，均列为城市轨道交通外部人员伤亡事故（简称地外伤亡事故）。

1. 地外伤亡事故的原因与处理原则

1）地外伤亡事故的主要原因

①行人违反规定，在轻轨路基上行走，在轻轨上逗留、游逛；

②拦车、扒车、追车、拉门、别门、踢门、挤靠车门、抢上抢下车；

③盗窃轨道物资摔死、摔伤，借轨道交通自杀、他杀。

2）地外伤亡事故的处理原则

地外伤亡事故的处理原则是：及时处理事故，尽快恢复列车正常运行，力争减少损失，防止事故扩大，将影响降低到最低限度。

①凡发生地外伤亡事故，应立即采取紧急措施进行处理，及时抢救伤员，尽量减少损失，尽量获取证据，尽快恢复运营。如属列车或调车碰轧所致，司机应立即停车，其他有关人员要立即显示停车信号。

②城市轨道交通员工发现人员伤亡时，应立即报告行车调度员或就近的车站值班员、车场调度员、列车司机，同时，立即报告轨道公安分局、驻站（场）公安警务站执勤人员。

③发生地外人员伤亡时，站务人员须挽留事故现场证人，并及时报告公安机关。涉及刑事案件的，站务人员应协助公安人员全力缉捕作案嫌疑人。在对伤亡事故进行上报和处理的同时，应尽快通知伤亡者家属。

④轨道交通各站须常备担架、遮盖物、塑料手套等救护物品。尸体由事故车站或就近车站的站台岗队员在车站员工的协助下，按照轨道交通公安分局的要求，用担架运送到指定地点。

⑤地外伤亡事故的调查和处理。发生地外伤亡事故，由轨道交通公安分局负责判明事故性质、分清事故责任和出具结论证明，有关部门和个人应予以协助与配合。

⑥轨道交通员工应坚守工作岗位，严格执行规章制度，防止地外伤亡事故的发生。由轨道交通员工失职造成的地外伤亡事故，对事故责任者要严肃处理，构成违法犯罪的要追究法律责任。

2. 事故现场处理流程

1）车站内发生地外伤亡的处理

①车站值班站长（或站长）担任事故处理主任，应立即安排员工赶赴现场，报告轨道交通

公安分局驻站公安人员,及时封锁站台,疏散围观群众,保护现场。

②车站值班站长(或站长)组织员工对事故现场做好标志和记录:

a. 列车停车时间、地点、车次、司机姓名;

b. 列车停车后,机车越过死伤者的距离;

c. 对死伤者的证件及贵重物品,会同司机察看;

d. 了解并判明死伤者姓名、年龄、性别、服务单位、居住地址及亲属、同行人员等;

e. 记录事故现场目睹人员对事故经过的介绍,由见证人签字或盖章证明,必要时可画简图,以供参考。

③对伤者进行必要的现场急救,将伤者送往医院救治:

a. 对受伤者采取包扎止血措施。可用鞋带、腰带、草绳等(不能用铁丝)绑紧止血,但不宜过紧,以防肢体坏死。

b. 将伤者迅速送往就近医院急救。拦截公路车辆,将受伤人员送就近医院抢救;情况紧急时,设法将伤者抬上列车,司机直接通过车站值班员报告行车调度员,将列车开到附近有医院的车站停车。行车调度员通知车站准备好救护车,及时送医院抢救。

c. 必要时,安排一名车站人员协助公安人员,陪同伤者前往医院。初步判断事故责任属于轨道交通公司时,住院需缴纳的押金由车站的保险应急基金垫付。

④对死亡人员的处理:人员经确认已死亡后(不少于两人以上确认,须由轨道交通公安部门认定),车站护卫人员在车站员工的协助下,按照公安部门的要求将尸体移出线路,尽快出清线路。公安人员到达以前,站务人员应对死亡现场做好现场保护,劝留证人。

凡发生经初步判定属轨道交通公司责任的地外伤亡事故,车站要及时通知负责乘客保险的保险公司员工赶赴现场(或所送医院),车站员工待保险公司的工作人员到达后,将有关单据移交给保险公司的工作人员处理。

2) 在区间发生地外伤亡的处理

①列车在区间运行撞轧行人、线路内有人死伤时,司机一经发现应立即停车,并立即报告行车调度员,由行车调度员指定车站值班站长担任事故处理主任,带领公安人员、车站员工、护卫队员,按行车调度员命令进入事故区间,与司机取得联系后,将死者送往前方车站。现场处理同车站内。

②车站接到伤亡事故报告后的处理方法:

a. 立即报告行车调度员;

b. 车站值班站长带领公安人员、车站员工、护卫队员按行车调度员命令进入事故区间,与司机取得联系;

c. 将死者送往前方车站。

③列车在区间停车后,必须按规定对列车进行防护。

④处理有人员伤亡及撞坏其他车辆的事件时,在受到死伤者的亲属或同行人员的阻拦,无法开车的情况下,应设法报告行车调度员,由地方和轨道交通部门处理。任何人不得以任何借口妨碍开通线路和列车正常行车。开车遇到阻拦时,乘务员不宜留下,以便列车尽快开车。

⑤应尽快报告地方政府和公安部门,并通知伤亡人员家属和所属单位。

3) 车场发生地外伤亡的处理

车场发生地外人员伤亡时,车场调度员应立即安排人员赶赴现场,担任事故处理主任,报告轨道交通公安分局人员,参照"车站内事故处理流程"迅速组织抢救和善后处理工作。

3. 地外伤亡事件的责任划分和善后处理

《城市轨道交通运营管理办法》规定：城市轨道交通运营过程中发生乘客伤亡的，城市轨道交通运营单位应当依法承担相应的损害赔偿责任；能够证明伤亡人员故意或者自身健康原因造成的除外。

1) 地外伤亡事件的责任划分

凡属下列情况之一，造成乘客伤亡事故者，由当事人本人负责，由此造成轨道交通运营损失以及伤害他人的，视情节轻重移交有关部门追究相应责任：

①在车站站台黄色安全线与站台边缘之间候车、行走、坐卧或放置物品；

②拦车、扒车、追车、拉门、别门、踢门、挤靠车门、抢上抢下车；

③在未开放或非售票的站、场乘车；

④非紧急状态下动用紧急或安全装置；

⑤擅自操作有警示标志的按钮、开关装置；

⑥擅自进入轨道、隧道和其他有警示标志的区域；

⑦攀爬、跨越或钻越围墙、栏杆、闸机。

学龄前儿童、行动不便的老人、残疾人、弱智人士、精神病人、突发病人和酗酒者等，应由健康成人陪同进站乘车，否则，站务人员应劝其离开车站。如不听劝阻，强行进站乘车，发生伤亡事故，应由其本人、家属或法定监护人负全部责任。

2) 地外伤亡事件的善后处理

①凡属于轨道交通公司责任造成的伤亡事件，其医疗费用、丧葬费用等，按照有关规定，由轨道交通公司负担。

②凡属于责任划分中所述的两种情况的，以及利用轨道交通自杀的，伤者的医疗费、死者的丧葬费用，由伤亡者本人、家属、法定监护人或其所在单位负责，轨道交通公司不负担任何费用。利用轨道交通进行他杀者，由司法机关按照刑法以及有关法律处理。

③无人认领的尸体，由轨道交通公安负责处理，费用由公司负担。对暂时不明身份的伤者，抢救费用由公司暂时垫付。

④发生地外伤亡事故，责任属于一方的，其损失费用由责任方承担，属于双（多）方的，其损失费用由双（多）方协商承担。

⑤发生地外伤亡事故，由轨道交通公安分局负责向伤亡者家属或单位出具证据。

> **知识链接**
>
> **地外伤亡事件的预防措施**
>
> （1）普及轨道交通安全知识的宣传工作。
> （2）加强车站秩序管理。
> （3）制止扒车和无票搭乘。
> （4）调查摸清沿线"五残"人员。
> （5）组织护路防伤小分队。
> （6）建立联防组织，维护好沿线治安秩序。

> **案例分析**

乘客跳轨造成行车长时间中断事故

1. 事件经过

2007年7月3日19:45,某地铁2号线列车进某站上行站台,列车距站台15 m处时,司机突然发现一青年男乘客跳入轨道,立即采取紧急制动,但列车已撞人,最终列车停在距离对标处约50 m处;19:47,某站值班站长赶到现场,找到两名目击证人,通知"120"急救中心,同时要求站台安全员下到轨行区确定落轨者具体位置;19:55,"120"急救人员到达站台,发现跳轨者已经死亡;20:15,列车出清上行站台,找到死亡者尸体并抬离轨道;20:25,保洁人员对站台、轨行区进行临时冲洗;20:30,行车恢复正常。

2. 事故损失

本次事故影响正常运营近40 min,清客6列,下线1列,抽线3列,对运营服务工作产生了一定的负面影响。

3. 原因分析

事故造成行车长时间中断的原因,一是进行现场处置的轨道交通公安人员对地外伤亡事故处置职责与程序不熟悉,在清运轨道上的尸体时请示、汇报较多,不能按照有关规定果断处置,延误了较长时间;二是控制中心发布的信息不够明确,站务人员开展现场处置工作时考虑不周全,地外伤亡备品配置不到位,也延误了事故处理的时间。

在本次事故处理中还暴露出一个值得关注的问题,相关岗位工作人员出现不适应现象,心理上有障碍,不能按"岗位职责"的有关规定及时处理事件。

《车站运作细则》中规定,值班站长负责本班全站日常的行车管理、客运管理、乘客服务、事故处理、设备日常管理、安全管理、员工培训、执法管理等工作。值班站长有责任组织相关人员快速处理事故,对于类似的特殊事件,也应严格执行岗位职责的规定。

4. 防范措施

加强站台巡视,完善监控系统;规范信息发布,优化处置程序;指出存在问题,强调整改要求。

任务3 运营伤亡事件紧急救护

> **任务导入**

2013年,某地铁1号线列车因受电弓故障而无法正常运行至前方车站,此时故障列车位于A站到B站下行区间,行车调度员命令后续列车以顺向救援原则对故障列车进行救援。

> 想一想
>
> 故障列车司机和救援列车司机该如何去做？各运营岗位如何汇报信息？车站该如何清客？

任务描述

(1) 学习及时、准确地汇报、传达信息。

(2) 学习正确的列车救援流程，提高站台清客效率，最大程度保障乘客安全。

(3) 学习在保证安全的情况下，最大限度提高救援效率，提高救援列车与被救援列车司机的协作性。

知识准备

一、机车车辆伤害急救

(1) 在作业中，发生机车车辆伤害时，立即停车救人。如在正线发生机车车辆伤害，必须先将伤者抬出线路抢救，然后恢复行车。

(2) 其他发现人员要立即用绳子、布条等物品对伤者的受伤部位的近心端采取捆扎、按压等有效的止血措施，减少和防止流血。同时，在事发现场利用合适的交通工具，立即护送伤者去就近医院救治。事发现场没有交通工具或地处偏僻时，必须立即拨打"120"急救电话，同时，采取措施护送伤者到交通便利地点等候。

(3) 受伤情况严重时不准乱动伤者，就地等待医护人员到来，防止受伤人员因失血过多而死亡。

二、触电伤害急救

(1) 发现接触网断线、隔离开关等电气化设备异常或电器故障时，禁止与之接触，必须在10 m以外的安全距离处进行防护，并通知有关人员进行处理。

(2) 发生作业人员触电伤害事故时，首先要利用安全工具，尽快使其脱离电源或切断电源。方法如下：

①关闭电源开关。

对于高压触电事故，可采用下列方法使触电者脱离电源。

　a. 立即通知有关部门断电。

　b. 带上绝缘手套，穿上绝缘靴，用相应电压等级的绝缘工具按顺序拉开开关。

　c. 抛掷裸金属线，使线路短路接地，迫使保护装置动作，断开电源。抛掷金属线之前，先将金属线的一端可靠接地，然后抛掷另一端，注意抛掷的一端不可触及触电者和其他人。

低压触电时，现场工作人员或救护人员应立即采取措施，迅速地关闭开关、拉下电闸、拔出插头或取下保险，使触电者尽快脱离电源。

②切断电线：低压触电时可用电工钳剪断电线，或用木柄刀、斧、锄、铲等斩断电源线，也可用搭通火线、零线造成短路，使总电源跳闸等方法来切断电源。高压触电禁止采用此法。

③挑开电源线：低压触电时如果无法采用上述方法，应该迅速寻找干燥的木棒、竹竿等，将触电者身上的电源线挑开，禁止使用金属杆（棒）以及潮湿的物体挑电源线，注意不要使电线弹到自己身上。高压触电禁止采用此法。

④拉开触电者：低压触电时如上述方法均不能救出触电者，而触电者又伏在带电物体上，则可用干绳子、布单等套在触电者身上，将其拉出，也可戴上绝缘手套将其拉出。此时现场工作人员或救护人员应特别注意自身保护，如站在厚木板或棉被等绝缘物体上。严禁用手直接去拉触电者，以防引起连锁触电。

⑤防止触电者脱离电源后可能的摔伤，特别是当触电者在高处的情况下，应考虑防摔措施。即使触电者在平地，也要注意触电者倒下的方向，注意防摔。

(3) 现场抢救方法如下：

①要尽量创造条件，就地实施对触电者的抢救，不要搬动触电者，要最大限度地争取抢救时间。

②触电者如出现心跳停止，现场工作人员或救护人员应首先在其心前区叩击数次，若无效则进行胸外心脏按压。

③触电者如呼吸停止，立即进行人工呼吸。具体方法为：先让窒息、休克人员平躺，然后微微上抬其颈部、打开气道，双手交叉按压其心脏部位，连续按压5次后，捏住鼻子，深吸一口气，嘴对嘴向其体内吹气和吸气，依次类推，直至其苏醒。

④若触电者伤势严重，心跳、呼吸均停止，应同时采用人工呼吸与心脏按压进行抢救。

⑤当触电者受伤症状较轻或经抢救好转时，应让其安静地休息，在将触电者送往医院的途中要注意观察，防止病情突然加重。

⑥对局部灼伤的伤口给予覆盖包扎。

⑦对触电造成的其他伤害，如机械伤害、出血、骨折等，应采取相应的救护措施。

⑧在现场救护的同时迅速拨打"120"急救电话转送医院，注意途中不可停止抢救。

⑨在抢救过程中，如果发现触电者皮肤由紫变红，瞳孔由大变小，则说明抢救有了效果；如果发现触电者嘴唇稍有开、合，或眼皮活动，或喉头有咽东西的动作，则应注意其是否有自主心脏跳动和自主呼吸。当触电者能自主呼吸时，便可停止人工呼吸。如果人工呼吸停止后，触电者仍不能自主呼吸，则应立即再做人工呼吸。

⑩对于有心脏病、高血压病史的人员，不要随便移动，使其平躺后，立即在其身上寻找"速效救心丸"等急救药品，给其服下。

三、火灾伤害急救

(1) 发现火灾后，及时拨打"119"电话报告火警，讲清起火单位的名称、地点、燃烧物的性质、有无被困人员、有无爆炸和毒气泄漏、火势情况、报警人的姓名和电话号码等，并说出起火部位及附近有无明显的标志，然后派人到路口迎候消防车。

(2) 有组织地疏散人员，避免发生混乱现象，造成人员伤亡扩大。

(3) 对受伤者要尽量就地实施抢救，要最大限度地争取抢救时间。

①受伤者如出现心跳停止，现场救护人员应首先在其心前区叩击数次，若无效则进行胸

外心脏按压。

②受伤者如呼吸停止,立即进行人工呼吸。

③若受伤者伤势严重,心跳、呼吸均停止,应同时采用人工呼吸与心脏按压进行抢救。

④对局部烧伤的伤口给予覆盖包扎。

⑤当受伤者受伤症状较轻或经抢救好转时,应让其安静地休息,在将受伤者送往医院的途中要注意观察,防止伤情突然加重。

四、其他伤害急救

1. 化学物品伤害急救

(1) 气体中毒:迅速将伤员救离现场,搬至空气新鲜、流通的地方,松开领口、紧身衣服和腰带,以利呼吸畅通,使毒物尽快排出,有条件时可接氧气。同时要注意伤者的保暖,使其静卧,并密切观察伤者病情的变化。

(2) 毒物灼伤:应迅速除去伤者被污染的衣服、鞋袜,立即用大量清水冲洗(时间一般不能少于15~20 min),也可用"中和剂"(弱酸、弱碱性溶液)清洗。对一些能和水发生反应的物质,应先用棉花、布和纸吸除后,再用水冲洗,以免加重损伤。

(3) 口服非腐蚀性毒物:首先要催吐。当伤者神志清醒,能配合时,可先设法引吐,即用手指、鸡毛、压舌板或筷子等刺激咽后壁或舌根引起呕吐。然后给患者饮温水300~500 mL,反复进行引吐,直到吐出物已是清水为止。

严重中毒昏迷不醒时,对心跳、呼吸停止者,要进行人工呼吸和胸外心脏按压。同时,迅速送就近医院进行诊断治疗。在送医院途中,要坚持进行抢救,密切注意伤者的神志、瞳孔、呼吸、脉搏及血压等情况。

2. 创伤急救

1) 创伤急救的基本要求

创伤急救原则上是先抢救,后固定,再送医院,并注意采取措施,防止伤情加重或污染。需要送医院救治的,应做好保护伤员的措施后送医院救治。

抢救前先使伤员安静躺平,判断其全身情况和受伤程度,如有无出血、骨折和休克等。

外部出血时应立即采取止血措施,防止因失血过多而休克。对于外观无伤,但呈休克状态,神志不清或昏迷者,要考虑胸腹部内脏或脑部受伤的可能性。

为防止伤口感染,应用清洁布片覆盖。救护人员不得用手直接接触伤口,更不得在伤口内填塞任何东西或随便用药。

搬运时应使伤员平躺在担架上,腰部束在担架上,防止跌下。平地搬运时伤员头部在后,上楼、下楼、下坡时头部在上,搬运中应严密观察伤员,防止伤情突变。

2) 止血

伤口渗血:用比伤口稍大的消毒纱布数层覆盖伤口,然后进行包扎。若包扎后仍有较多渗血,可再用绷带适当加压包扎,以达到止血目的。

伤口出血呈喷射状或有鲜红血液涌出时,立即用清洁手指压迫出血点上方(近心端),使血流中断,将出血肢体抬高或举高,以减少出血量。

用止血带或弹性较好的布带等止血时,应先用柔软布片或伤员的衣袖等数层垫在止血带下面,再扎紧止血带,以刚使肢端动脉搏动消失为度。上肢每60 min、下肢每80 min放松一次,每次放松 1~2 min。开始扎紧与放松的时间均以书面形式标明在止血带旁。扎紧时间不宜超过 4 h。不要在上臂中 1/3 处和腋窝下使用止血带,以免损伤神经。若放松时观察已无大出血,可暂停使用。

高处坠落、撞击、挤压可能有胸腹内脏破裂出血。受伤者外观无出血但常表现面色苍白、脉搏细微、气促、冷汗淋漓、四肢厥冷、烦躁不安,甚至神志不清等休克状态,应迅速躺平,抬高下肢,保持温暖,速送医院救治。若送院花费时间较长,途中可给伤员饮用少量糖盐水。

3. 休克急救

(1) 平卧位,下肢应略抬高,以利于静脉血回流。如有呼吸困难,可将头部和躯干抬高一点,以利于呼吸。

(2) 保持呼吸道通畅,尤其是休克伴昏迷者。方法是将病人颈部垫高,下颌抬起,使头部最大限度地后仰,同时头偏向一侧,以防呕吐物和分泌物误吸入呼吸道。

(3) 注意给体温过低的休克病人保暖,可为其盖上被、毯。但对于伴发高烧的感染性休克病人,应给予降温。

(4) 必要的初步治疗。骨折所致的休克给予止痛,固定骨折处;对于烦躁不安者可给予适当的镇静剂;心源性休克给予吸氧等。

(5) 注意病人的运送。抢救条件有限时,需尽快送往有条件的医院抢救。对于休克病人,搬运越轻越少越好,应送到最近的医院为宜。在运送途中,应有专人护理,随时观察病人的病情变化,最好在运送中给病人采取吸氧和静脉输液等急救措施。

4. 中暑急救

1) 中暑的原因

中暑是指人体在高温或烈日下,体温调节功能紊乱,散热机能发生障碍,致使热能积累所引起的以高热、无汗及中枢神经系统症状为主的综合征。中暑的原因:

①环境因素:主要为高温、高湿、风速小。

②自身因素:主要有产热增加、热适应差、散热障碍。

2) 中暑的症状

①先兆中暑:病人常常感到大量出汗、头晕、眼花、无力、恶心、心慌、气短和注意力不集中,伴有定向力障碍。体温常常低于 37.5 ℃。

②轻症中暑:除有先兆症状外,有的病人有体温升高至 38 ℃ 以上、皮肤灼热、面色潮红、呕吐、皮肤湿冷、脉搏细弱、血压下降等周围循环衰竭的表现,通常休息后体温可在 4 h 内恢复正常。

③重症中暑:上述症状进一步加重。中暑衰竭主要表现为皮肤苍白,出冷汗,肢体软弱无力,脉细速,血压下降(收缩压降至 80 mmHg 以下),呼吸浅快,体温正常或变化较小,意识模糊或昏厥。日射病主要表现为剧烈头痛、头晕、耳鸣、呕吐、面色潮红、头温 40 ℃ 以上,体温一般正常,严重者出现昏迷。中暑高热主要表现为皮肤干燥灼热、头痛、恶心、全身乏力、脉快、神志模糊,体温高达 40 ℃ 以上,伴有晕厥,严重时可引起脏器损害,导致死亡。

3) 中暑的现场急救措施

①搬移:迅速将患者抬到通风、阴凉、干爽的地方,使其平卧并解开衣扣,松开或脱去衣服,如衣服被汗水湿透,应更换衣服。

②降温:将患者头部捂上冷毛巾,可用 50% 酒精、白酒、冰水或冷水进行全身擦浴,然后

用扇或电扇吹风,加速散热。有条件的也可用降温毯给予降温。但不要快速降低患者体温,当体温降至38 ℃以下时,要停止一切冷敷等强降温措施。

③补水:患者仍有意识时,可让其喝一些清凉饮料,在补充水分时,可加入少量盐或小苏打水。但千万不可急于补充大量水分,否则,会引起呕吐、腹痛、恶心等症状。

④促醒:若病人已失去知觉,可指掐其人中、合谷等穴,使其苏醒。若呼吸停止,应立即实施人工呼吸。

⑤转送:对于重症中暑病人,必须立即送医院诊治。搬运病人时,应用担架运送,不可使患者步行,同时运送途中要尽可能地用冰袋敷于病人额头、枕后、胸口、肘窝及大腿根部,积极进行物理降温,以保护大脑、心肺等重要脏器。

实训任务 1　骨折急救处理实训

【任务目标】

(1) 了解骨折的症状;
(2) 熟悉骨折的急救方法;
(3) 掌握骨折急救处理程序;
(4) 培养遵章守纪、团结协作的意识,树立安全第一的指导思想。

【任务实施】

1. 作业目的

通过骨折急救处理实训,熟悉骨折急救处理的操作程序。

2. 作业准备

(1) 人员组织:2 人。
(2) 设备准备:担架、夹板、急救箱。
(3) 安全用具:绝缘靴、绝缘手套、安全帽。
(4) 材料准备:记录笔、记录本。

3. 操作程序

(1) 可用夹板和木棍、竹竿等将断骨上、下方两个关节固定,若无固定物,则可将受伤的上肢绑在胸部,将受伤的下肢同健肢一并绑起来,避免骨折部位移动,以减少疼痛,防止伤势恶化。

(2) 开放性骨折,伴有大出血者,先止血,再固定,并用干净布片或纱布覆盖伤口,然后速送医院救治。切勿将外露的断骨推回伤口内。若在包扎伤口时,骨折端已自行滑回创口内,则到医院后须向负责医生说明情况,提请注意。

(3) 对于疑有颈椎损伤的伤员,在使伤员平卧后,用沙土袋(或其他代替物)放置在其头部两侧,以使颈部固定不动。

(4) 对于腰椎骨折的伤员,应让伤员平卧在硬木板(或门板)上,并将其腰椎躯干及两下肢一同进行固定,防止瘫痪。搬运时应数人合作,保持平稳,不能扭曲。平地搬运时伤员头部在后,上楼、下楼、下坡时头部在上,搬运中应严密观察伤员,防止伤情突变。

(5) 送医院诊治。

4. 注意事项

(1) 夹板长度应超过两端关节。

(2) 夹板与肢体间应加垫软物衬垫。

(3) 在健康肢体侧或夹板侧打平结。

(4) 可以伤者健康肢体充当夹板,固定患肢。

5. 实际操作

(1) 人员组织:2人。

(2) 考核时间:20 min。

【任务评价】

实训任务1 骨折急救处理实训

考核内容	分　值	考核得分
1. 通过骨折急救处理实训,熟悉骨折急救处理的操作程序	40	
2. 演练方案的完成情况(汇报效果)	20	
3. 演练过程考核(团队分工、角色设置、处理程序)	30	
4. 课堂表现及职业素养	10	
总体评价		
教师评价(40%)	小组自评(30%)	小组互评(30%)	学生姓名
			分数

实训任务2　外伤止血急救处理实训

【任务目标】

(1) 了解创伤急救的基本要求;

(2) 熟悉外伤止血方法;

(3) 掌握外伤止血急救处理程序;

(4) 培养遵章守纪、团结协作的意识,树立安全第一的指导思想。

【任务实施】

1. 作业目的

通过外伤止血急救处理实训,熟悉外伤止血急救处理的操作程序。

2. 作业准备

（1）人员组织：2人。

（2）设备准备：担架、急救箱。

（3）安全用具：绝缘靴、绝缘手套、安全帽。

（4）材料准备：记录笔、记录本。

3. 操作程序

1）包扎止血

包扎止血一般限于无明显动脉性出血。小创口出血，有条件时先用生理盐水冲洗局部，再用消毒纱布覆盖创口，用绷带或三角巾进行包扎。无条件时可用冷开水冲洗，再用干净毛巾或其他软质布料覆盖包扎。

当创口较大且出血较多时，要加压包扎止血。包扎的压力应适度，以达到止血目的而又不影响肢体远端血运为度。包扎后若远端动脉还可触到搏动，皮色无明显变化即为适度。严禁将泥土、面粉等不洁物撒在伤口上，这不仅会造成伤口进一步污染，还会给下一步清创带来困难。

2）指压法止血

指压法止血用于较急剧的动脉出血的急救处理。手头一时无包扎材料和止血带时，或在运送途中放松止血带的间隔时间，可用此法，即手指压在出血动脉的近心端的邻近骨头上，阻断血运来源。这种方法简便易行，能迅速、有效地达到止血目的，缺点是止血不易持久。事先应了解正确的动脉压迫点，指压法止血才能见效。

常用压迫止血点（见图5-3）：

（1）头面部：

压迫颞动脉——手指压在耳前下颌关节处，可止同侧上额、颞部及前头部出血。

压迫颌外动脉——一手固定头部，另一手拇指压在下颌角前下方处，可止同侧脸下部及口腔出血。

压迫颈动脉——将同侧胸锁乳突肌中段前缘的颈动脉压至颈椎横突上，可止同侧头颈部、咽部等较广泛出血。注意压迫时间不能太长，更不能两侧同时压迫，引起严重脑缺血，更不要因匆忙而将气管压住，引起呼吸受阻。

（2）肩部和上肢出血：

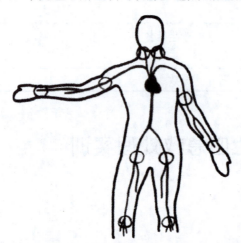

图5-3　全身主要动脉压迫点

压迫锁骨下动脉——在锁骨上窝内按到动脉搏动后，将其压在第一肋骨上，可止肩部、腋部及上肢出血。

压迫肱动脉——在肱二头肌沟骨触到搏动后，将其压在肱骨上，可止上肢下端前臂、手部的出血。

（3）下肢出血：压迫股动脉——在腹股沟韧带中点处，将其用力压在股骨上，可止上下肢出血。

3）止血带法止血

对于较大的肢体动脉出血,且为运送伤员方便起见,应上止血带,用橡皮带、宽布条、三角巾、毛巾等均可。四肢出血上止血带部位如图 5-4 所示。

上肢出血:止血带应扎在上臂的上 1/3 处,禁止扎在中段,避免损伤桡神经。

下肢出血:止血带扎在大腿的中部。

上止血带前,先要将伤肢抬高,尽量使静脉血回流,并用医用敷料垫好局部,之后再扎止血带,以止血带远端肢体动脉刚刚摸不到为度。

使用止血带应严格掌握适应征和要领。如果扎得太紧、时间过长,均可引起软组织坏死,肢体远端血运障碍、肌肉萎缩,甚至产生挤压综合征;如果扎得不紧,动脉远端仍有血流,而静脉的回流完全受阻,反而会造成伤口出血更多。扎好止血带后,一定要做明显的标志,写明上止血带的部位和时间,以免忘记定时放松,造成肢体缺血时间过久而坏死。上止血带后 0.5～1 h 放松一次,放松 3～5 min 后再扎上,放松止血带时可暂用手指压迫止血。

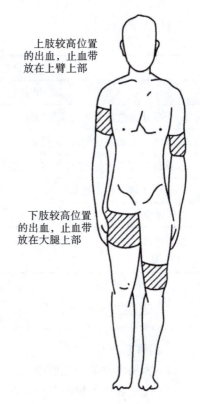

图 5-4 四肢出血上止血带部位

①选择适当宽度的止血带。

②使用止血带于患肢出血部位之近心端,并将厚敷料垫于其上,以达到止血效果,但须避开关节。

③将止血带绕肢体两圈后先打半结。

④再将一硬木棒或硬笔杆或汤匙或任何类似物,置于平结上再打两个结。

⑤慢慢旋转此木棒以绞紧止血带,直到出血停止。

⑥用止血带的两端绑住止血棒,再固定在肢体上。

⑦不可盖住止血带,并在伤患的资料中明确记录绑上止血带的时间、部位。

4. 注意事项

（1）上止血带的部位要准确,缠在伤口的近端。上肢在上臂上 1/3 处,下肢在大腿中上段,手指在指根部,止血带与皮肤之间应加衬垫。

（2）止血带的松紧要合适,以远端出血停止、不能摸到动脉搏动为宜。过松,动脉供血未压住,静脉回流受阻,反而会使出血加重;过紧,容易发生组织坏死。

（3）用止血带的时间不能过久,要记录开始时间,一般 0.5～1 h 放松一次,使血液流通 3～5 min。

5. 实际操作

（1）人员组织:2 人。

（2）考核时间:20 min。

【任务评价】

实训任务 2 　外伤止血急救处理实训		
考 核 内 容	分　　值	考 核 得 分
1. 外伤止血急救处理的操作程序	40	
2. 演练方案的完成情况（汇报效果）	20	
3. 演练过程考核（团队分工、角色设置、处理程序）	30	
4. 课堂表现及职业素养	10	
总体评价		
教师评价 （40%）	小组自评 （30%）	小组互评 （30%）	学生姓名	

思考与练习

1. 简答题

（1）客伤事件的处理原则是什么？处理程序及注意事项有哪些？

（2）简述客伤处理的各岗位职责。

（3）简述自动扶梯伤亡事件与乘客乘降意外的处理办法。

（4）意外伤害急救原则是什么？

（5）什么是 CPR？其基本措施有哪些？

2. 判断题

（1）车站发生伤亡事故时，由车站行车值班员担当现场指挥工作；区间发生伤亡事故时，由列车司机担当现场指挥工作。　　　　　　　　　　　　　　　　　　　（　　）

（2）城市轨道交通运营过程中发生乘客伤亡的，城市轨道交通运营单位应当依法承担相应的损害赔偿责任，能够证明伤亡人员故意或者自身健康原因造成的也不得除外。
　　　　　　　　　　　　　　　　　　　　　　　　　　　　　　　　　（　　）

（3）当有人被烧伤时，以最快的速度用冷水冲洗烧伤部位。　　　　　　　（　　）

（4）有异物刺入头部或胸部时，马上拔出，用纱布简单包扎后送医院抢救。（　　）

（5）伤员较大动脉出血时，可采用指压止血法，用拇指压住伤口的近心端动脉，阻断动脉运动，达到快速止血的目的。　　　　　　　　　　　　　　　　　　　（　　）

3. 选择题

（1）《城市轨道交通运营管理办法》规定，下列（　　）不是被禁止的危害城市轨道交通正常运营的行为。

　　A. 随地吐痰　　　　B. 带小孩乘车　　　　C. 跨越围墙　　　　D. 携带宠物乘车

（2）当一名站务员在站台监察厅当值，看到有乘客的物件被车门夹住，列车正准备发车时，他应立刻（　　）。

　　A. 按动站台紧急停车按钮　　　　　　B. 跑到车门处，帮助乘客拉出物件

C. 通知值班站长　　　　　　　　　D. 通知行车调度员

(3) 如果工作人员在车站发现有乘客受伤、晕倒,应及时上报(　　)。

A. 行车调度员　　B. 值班站长　　C. 司机　　D. 保安

(4) 车站发生伤亡事故时应报告(　　)。

A. 事故发生的时间　　　　　　　　B. 事故伤亡人数、受伤情况

C. 报告人姓名、所在部门　　　　　D. 其他需要说明的内容

(5) 下列哪些情况应先急救再求救?(　　)

A. 溺水　　B. 中暑　　C. 外伤　　D. 呼吸停止　　E. 8 岁以下的病患

4. 实训演练

(1) 运营期间出现夹人夹物事件时,需要实施应急处理作业程序,提高司机在非正常情况下的应急处理能力,进行屏蔽门夹人夹物应急演练。

(2) 1 名乘客在 B 端站台到站厅的自动扶梯上突然摔下,导致受伤,和同学进行角色扮演,开展自动扶梯乘客受伤应急处理程序的模拟演练。

(3) 因某地举行大型集会,某地铁车站突发大客流,一名乘客在下行列车上晕倒,需要车站安排工作人员上车救助该名乘客下车,请以此为背景,进行客伤应急处置演练。

5. 交流与讨论

当车站发生客伤事件时,作为一名值班站长或一名车站员工,现场报告应包括哪些事项? 对于处理流程是否有好的建议? 与同学们交流、分享。

项目 6
恶劣天气与自然灾害应急处理

📖 项目描述

一般人可能认为,地震对位于地下的城市轨道交通线路不会产生较大危害,其实不然,早在 1995 年发生的日本阪神大地震,就已经证明地震会导致城市轨道交通隧道崩裂、支柱倒塌等现象发生,至于车站建筑物损毁、站台损害的现象就更多了。不少城市的轨道交通车站及区间隧道也在地震期间遭到了严重的破坏,甚至出现了城市轨道交通车站完全倒塌而不能使用的先例。2019 年 4 月 18 日,中国台湾花莲县附近发生里氏 6.7 级地震,台北地铁全线暂停行驶。由此可见,当地下结构发生严重地震灾害时,不仅会产生极其严重的社会后果和经济损失,乘坐城市轨道交通出行的市民也会受到影响。

📖 技能目标

(1) 能按照各岗位工作程序进行常见恶劣天气应急处理演练;
(2) 能按照各岗位工作程序进行水灾应急处理演练;
(3) 能按照各岗位工作程序进行地震应急处理演练;
(4) 具备洪水灾害的判别能力;
(5) 能够描述防洪预案的应急处理原则和流程。

📖 素质目标

(1) 培养在暴雨等情况引起的洪水灾害来临前的防洪安全意识;
(2) 通过应急模拟演练,提升应急处理过程中的角色意识。

📖 案例导入

2011 年 6 月 23 日 16 时 30 分左右,北京突下暴雨,隆隆雷声夹杂闪电,呈现白昼如黑夜之势。此次降雨为 2011 年北京入汛以来最大降雨,市区不少地方积水严重。多个地铁车站出入口附近积水严重,导致积水沿车站出入口的楼梯迅速涌进站厅及站台。其间,站内运营秩序一度混乱。根据北京地铁公司消息:地铁 1 号线苹果园站、古城站停运。地铁 1 号线古城站至苹果园站上下行区间接触轨采取停电措施,列车在八角游乐园站折返,维持八角游乐园站至四惠东站运营。在此期间,地铁相关车站通过广播等措施告知乘客相关信息。

思考:当发生此类情况时,你作为工作人员,应该如何进行应急处理?

任务1 常见恶劣天气应急处理

任务导入

某市气象局在××年12月9日7:30发布大雾红色预警信号,不少市民反映,该市地铁列车在大雾天气行驶时存在速度减慢现象。

12月10日,记者在该市轨道交通集团了解到,运营公司在收到大雾预警后,立即启动了恶劣天气应急预案Ⅰ级响应,各部门、各岗位迅速响应,加强设备监控及巡视,做好应急抢险救援等准备。同时,为保障列车平稳运行和乘客的出行安全,地铁列车按规定在高架区段进行限速,列车一到高架区段就开始慢速行驶。

想一想:还有哪些天气情况会对轨道交通高架区段的运营安全产生影响,需要对列车进行限速呢?城市轨道交通车站又该采取哪些措施来应对该类恶劣天气呢?

任务描述

(1) 学习恶劣天气的各类术语和定义。
(2) 分析各类不同的恶劣天气会对城市轨道交通造成哪些危害。
(3) 学习恶劣天气情况下的应急处理流程。

知识准备

2008年11月15日下午,杭州萧山风情大道地铁1号线出口附近发生大面积塌方事故,造成11人死亡。这次地铁坍塌事故主要和杭州特殊的土质和前段时间的持续性降雨等有关。

城市轨道交通系统是城市中人流最为集中的地方之一,一旦发生灾害,将直接危及乘客的人身安全。气候异常会给交通运输带来大的影响。其中,暴雨、洪水对铁路运输的影响最大;浓雾、大雪对高速公路通行影响最大;大雾以及强对流天气对航空运输影响最大;台风、大雾对船舶的航行影响最大。城市轨道交通也同样可能遭受各种灾害性天气的侵害,可能导致整个城市和区域经济、社会功能的瘫痪。

一、恶劣天气与预警信号

1. 恶劣天气的定义

恶劣天气是指突发气象灾害预警信号所描述的天气,包括台风、暴雨、暴雪、大雾等天气。

2. 预警信号

中国气象局规定的气象灾害预警信号(简称预警信号)有台风、暴雨、暴雪、寒潮、大风、沙尘暴、高温、干旱、雷电、冰雹、霜冻、大雾、霾、道路结冰14种。除干旱外,其他13种气象灾害对城市轨道交通运营安全都有较大影响,都可以归入影响城市轨道交通的恶劣天气中。

3. 预警信号的标准

常见的恶劣天气主要有台风、暴雨、暴雪。自 2010 年起,中央气象台台风、暴雨、暴雪预警发布标准如下。

1) 台风

红色预警:预计未来 48 h 将有强台风(中心附近最大平均风速 14~15 级)、超强台风(中心附近最大平均风速 16 级及以上)登陆或影响我国沿海。

橙色预警:预计未来 48 h 将有台风(中心附近最大平均风速 12~13 级)登陆或影响我国沿海。

黄色预警:预计未来 48 h 将有强热带风暴(中心附近最大平均风速 10~11 级)登陆或影响我国沿海。

蓝色预警:预计未来 48 h 将有热带风暴(中心附近最大平均风速 8~9 级)登陆或影响我国沿海。

2) 暴雨

红色预警:过去 48 h 有 2 个及以上省(自治区、直辖市)大部地区持续出现日降雨量 100 mm 以上的降雨,且上述地区有日降雨量超过 250 mm 的降雨,预计未来 24 h 上述地区仍将出现 100 mm 以上的降雨。

橙色预警:过去 48 h 有 2 个及以上省(自治区、直辖市)大部地区持续出现日降雨量 100 mm 以上的降雨,且南方地区有成片或北方地区有分散的日降雨量超过 250 mm 的降雨,预计未来 24 h 上述地区仍将出现 50 mm 以上的降雨;或者预计未来 24 h 有 2 个及以上省(自治区、直辖市)大部地区将出现 250 mm 以上的降雨。

黄色预警:过去 24 h 有 2 个及以上省(自治区、直辖市)大部地区出现 100 mm 以上的降雨,预计未来 24 h 上述地区仍将出现 50 mm 以上的降雨;或者预计未来 24 h 有 2 个及以上省(自治区、直辖市)大部地区将出现 100 mm 以上的降雨,且南方地区有成片或北方地区有分散的超过 250 mm 的降雨。

蓝色预警:预计未来 24 h 有 2 个及以上省(自治区、直辖市)大部地区将出现 50 mm 以上的降雨,且南方地区有成片或北方地区有分散的超过 100 mm 的降雨;或者已经出现并可能持续。

3) 暴雪

红色预警:过去 24 h 有 2 个及以上省(自治区、直辖市)大部地区出现 25 mm 以上的降雪,预计未来 24 h 上述地区仍将出现 10 mm 以上的降雪。

橙色预警:过去 24 h 有 2 个及以上省(自治区、直辖市)大部地区出现 10 mm 以上的降雪,预计未来 24 h 上述地区仍将出现 5 mm 以上的降雪;或者预计未来 24 h 有 2 个及以上省(自治区、直辖市)大部地区将出现 15 mm 以上的降雪。

黄色预警:过去 24 h 有 2 个及以上省(自治区、直辖市)大部地区出现 5 mm 以上的降雪,预计未来 24 h 上述地区仍将出现 5 mm 以上的降雪;或者预计未来 24 h 有 2 个及以上省(自治区、直辖市)大部地区将出现 10 mm 以上的降雪。

蓝色预警:预计未来 24 h 有 2 个及以上省(自治区、直辖市)大部地区将出现 5 mm 以上的降雪,且有成片超过 10 mm 的降雪。

4. 恶劣天气的判断

气象灾害预警信号实行统一发布制度,地方气象主管机构负责本行政区域内的警情发布、解除与传播的管理工作。

城市轨道交通运营公司接到气象主管机构发布的预警信号,即可判定为恶劣天气。气象主管机构向城市轨道交通运营公司提供气象信息的方式有如下几种。

(1) 正常情况下。

①地方气象主管机构可以通过互联网为城市轨道交通运营公司提供气象信息。其内容包括:

a. 运营公司沿线早晨、下午天气预报;

b. 本地区 48～72 h 天气预报;

c. 一周天气趋势预报;

d. 气象灾害预警信息。

②地方气象主管机构可以通过手机短信的方式提示运营企业中央控制室调度值班主任,以发布气象灾害预警信息。

(2) 当网络传输出现故障时,地方气象主管机构可以通过普通传真机传输气象信息,同时,致电运营企业中央控制室调度值班主任,并互通姓名,做好相应记录。

(3) 当网络传输与传真机同时出现故障时,地方气象主管机构可以电话通知运营企业控制中心调度值班主任,值班主任接到气象信息后,应复通确认,并互通姓名,做好相应记录。记录的信息包括灾害天气的主要类别(根据灾害天气的成因特点,将其分为雨灾、风灾、雪灾、雾灾、雷雹灾害)及所造成的直接和间接灾害。针对所处城市的实际特点,运营部门应依照城市特征制定相应的恶劣天气应急处理预案。

二、城市轨道交通灾害天气的主要类别

根据城市轨道交通天气灾害的不同成因特点,将其分为雨灾、风灾、雪灾、雾灾、雷雹灾害、温度变化灾害 6 类,每一类又可进行细分。灾害天气的主要类别及其直接和间接灾害如表 6-1 所示。

表 6-1　自然灾害性天气的直接和间接灾害

类　别	灾害性天气	直　接　灾　害	间　接　灾　害
雨灾	大雨	洪水、涝害,灌淹没车站、隧道设施,冲垮高架桥及其他城市轨道交通设施等	泥石流,山崩
	暴雨		
	连阴雨	霉变,能见度低,列车速度下降等	病虫害
风灾	飓风	卷走接触网、供电设备等	风暴,巨浪,沙尘暴
	龙卷风		
	台风		
	沙尘暴	能见度下降,列车速度下降,轨道积沙等	
雪灾	暴雪	掩埋地面、高架轨道设施,能见度下降,列车速度下降等	冰冻,冻融,低温灾害
	大雪		
	吹雪		

续表

类　　别	灾害性天气	直　接　灾　害	间　接　灾　害
雾灾	大雾	能见度下降,列车速度下降,"雾闪"断电等	
雷雹灾害	雷电	电击高架轨道和电力线网设施	雷击火
	冰雹	毁坏电力线网和轨道设施,轨道积水	
温度变化灾害	高温	客流量增大	冰冻,冻融,雪灾
	低温(寒潮、霜冻、冻雨)	电网爆裂,输电能力下降,客流量增大等	

三、不同岗位人员的应急处理

1. 主要处理原则

（1）以人为本,安全第一。

把保障人民群众的生命安全放在首位,抢险救灾时先人后物,加强预案启动和实施过程中的安全管理,落实安全防护责任和安全措施,确保应急处置期间人员人身安全和行车安全。

（2）统一指挥,逐级负责。

OCC按照各自职责分工,迅速组织相关工作人员参与应急处理。

（3）快速反应,协同应对。

出现台风、暴雨等恶劣天气时,车站应及时响应,迅速开展工作,相关工作人员积极配合、密切协作,减少恶劣天气对车站、行车的影响,尽快恢复正常运营秩序。

（4）以防为主,常备不懈。

坚持预防与应急相结合,防患于未然。各相关单位要开展台风、暴雨等恶劣天气的交通突发事件预防工作,妥善做好应对突发事件的各项工作。

2. 处理方法

在不同的恶劣天气期间,车站当班的员工应经常巡视车站。天气情况差时,巡视次数相应增加。应巡视各车站站台、站厅、所有出入口及其四周通道、与车站相连的通道、轨道范围及值班站长认为有必要巡视的其他部位。

维修人员负责巡视各车站设备及附属建筑物内的机房,并安排应急设备(如抽水机)的测试。巡视及测试完毕后,必须通知值班站长。车站其他人员(如物业人员)巡视本岗位职责范围内的区域(如排水沟等)、设备,巡视完毕后必须通知值班站长。

四、恶劣天气应急处理程序

1. 雨天应急处理程序

（1）如遇突降大雨,值班站长要立即组织有关人员到出入口等处查看降水情况。

（2）站务人员在各出入口铺设防滑垫,设立警示标志。

（3）地势较低的车站应立即放置防洪板、沙包,防止雨水灌入车站。若遇雨水较大有可能发生倒灌事故时,应及时通知机电部门做好排水准备。

（4）值班站长通过BAS查看雨水泵开动情况,如有异常情况则立即报修。

(5) 行车值班员通过 PAS(public address system,车站广播系统)、PIS 向进站乘客宣传安全、防滑的注意事项。

(6) 站务人员加强巡视,确保车站出入口、站厅、站台的客流秩序;关注出入口处客流情况,向乘客发放一次性雨衣、伞套,宣传疏导其快速出站,不要在出入口处停留。

(7) 值班站长要立即采取雨天设备故障、长时间无车等特殊情况下的应对措施;根据现场情况,适当调配人员,做好限流准备,并及时挂出提示牌、张贴通告。

(8) 露天段车站应加强站台巡视,督促保洁员做好地面清理工作。

2. 大风、沙尘天气的危害及应急处理程序

风力超过 7 级的大风将对车站运营造成影响。接到控制中心发布的有关恶劣天气的消息后,车站须检查悬挂物,以免脱落物砸伤乘客及员工;指派专人对站台上的可移动物品进行加固;督促保洁人员做好车站卫生,露天段车站做好停运、客流疏散准备;如有其他异常情况应立即上报控制中心。

当列车遇雾、暴风、沙尘天气,瞭望困难时,司机应及时将情况报告行车调度员或车站行车值班员;必要时开启前照灯,适时鸣笛,适当降低速度。当看不清信号、道岔时,要停车确认,严禁臆测行车,列车进入车站时,司机要适当降低列车速度,确保对标停车,运行中严禁盲目抢点。

3. 雪天的危害及应急处理程序

城市轨道交通运营线路出现大范围降雪时,钢轨冰冻会影响车辆的牵引制动,导致尖轨与基本轨无法紧密贴合,接触轨因冰冻而无法与受流器接触,造成机车无电,此外还会造成乘客摔伤等。值班站长应通知所有工作人员,并向工作人员通报恶劣天气的相关情况,做好雪天应急处理工作。

(1) 站务人员在出入口、楼梯口铺设防滑垫和提示牌,同时组织人力及时清扫出入口积雪。

(2) 值班站长通知保洁人员注意出入口、楼梯口等区域的卫生状况。

(3) 站务人员在客流量较大的出入口疏导乘客进出站。

(4) 行车值班员通过 PAS、PIS 向进站乘客宣传安全、防滑的事项。

(5) 行车值班员通过 CCTV 密切关注进出站客流变化,并随时向值班站长报告。

(6) 值班站长要随时掌握运营现场的天气情况,并随时做好延长运营时间的准备工作。

> **知识链接**
>
> **"雾闪"缘何逼停动车**
>
> 2012 年 1 月 1 日,西安—郑州的 D1002 次列车两次出现"雾闪"断电事故,造成动车三次晚点。2013 年 1 月 11 日,北京西—武汉的动车 D2031 在信阳段发生"雾闪"断电故障,致使千余旅客滞留。
>
> 在冬季,电力机车经过大范围的大雾地段后,车顶绝缘子、受电弓等设备的迎风面一般会产生 5~20 mm 厚的霜状冰。当机车停车后,由于司机室及机车内部的热空气上升使车顶温度升高,绝缘子表面的霜状冰中会渗出小水珠。随着小水珠不断变大,

造成的漏泄电流也会逐渐加大,漏电产生的温度会进一步融化冰霜,反过来使漏泄电流不断加大。这种情况一旦达到某一临界值,会瞬间发生高压电对车顶的高强度放电闪络现象,也就是通常所说的"雾闪"。

电力机车"雾闪"一般在冬季大雾天运行后停车和再次开车后以10 km/h以下的速度运行时发生。"雾闪"会造成机车停电,给轨道交通运输安全带来严重隐患。

"雾闪"并不只出现在电力机车运行时。凡有输电线路存在的地方,就有"雾闪"事故发生的可能性。

物质按导电性能可划分为导体、半导体和绝缘体。电瓷瓶(学名绝缘子)是绝缘体,它把输电线路和输电铁架分隔开来,即把两个导电体分隔开,达到输电目的。为了防止绝缘子在雨雪天气受影响,人们把绝缘子的外形设计成伞状,使雨雪不易降到绝缘子的内部,以使绝缘子保持良好的绝缘性能。但是,风是无孔不入的,低空大气中的杂质受到风的吹动仍能侵入伞状绝缘子的内部,绝缘子长期受污染就会变脏。这时如有浓雾存在,雾的凝结又会加重绝缘子的污染,可使绝缘子的绝缘性能下降,在高压输电网络中就会产生短路放电,造成跳闸、掉闸的停电事故,大范围、长时间的突然停电就会造成"雾闪"灾害。

任务2　水灾应急处理

任务导入

2020年6月12日晚至13日凌晨,某市出现多次短时大雨强风。轨道交通全线网200多座车站的2000多名员工不间断地巡视出入口、站厅、站台,第一时间清扫出入口积水,在地面站点强风倒灌的积水处设置沙袋,将渍水阻挡在站外。凌晨6时许,全线网车站干净整洁,为开班运营做好了准备。6月13日6:30,该市轨道交通按照休息日运营时间准时开班,所有车站出入口均铺设了防滑红地毯或麻袋,设置了防滑提示牌。

汛期,该市地铁进入"临战"状态,各类排水设施及防汛物资配备充足,同时做到用后及时补充;一级防汛的段场、变电所、地铁车站实行24小时值班制度,确定应急分队就近对口支援方式,可第一时间到现场支援;雨中和雨后加强对重点部位的巡查和检查,第一时间清理出入口和站内渍水,铺设防滑地毯或麻袋,保障乘客安全出行。

任务描述

(1) 学习相关防洪知识。
(2) 分析洪水对车站各设施和运输组织的危害。
(3) 模拟发生洪水灾害情况下城市轨道交通相关岗位的应急处理流程。

> 知识准备

一、水灾概述

1. 水灾的定义

水灾泛指洪水泛滥、暴雨积水和土壤水分过多对人类社会造成的灾害,多由暴雨、飓风和堤坝坍塌等引起。

2. 水灾危险地带

(1) 危房里及危房周围。
(2) 危墙及高墙旁。
(3) 被洪水淹没的下水道。
(4) 马路两边的下水井及窨井。
(5) 电线杆及高压线塔周围。
(6) 化工厂及储藏危险品的仓库。

二、城市轨道交通水灾危害

国内外许多城市的极端强降水事件造成城市轨道交通地下空间受淹,给城市轨道交通运营企业带来了巨大的财产损失。2001年9月,"纳莉"台风带来的强降水,造成台北地铁系统中的18座车站被淹,台北地铁陷于瘫痪,车站机电系统损失尤为严重。2003年,日本福冈市遭受了大暴雨的袭击,导致Hakata地铁站、商业中心和建筑物的地下室等均被淹,地铁被迫停运,还发生了有人淹死在地下室的事件。1992—2003年,伦敦地铁系统共发生了1200多次洪水事件,造成站台关闭200多次,仅2002年8月7日的洪水就造成了74万英镑的损失。2007年8月8日早晨,纽约降下暴雨,导致地铁遭水淹,所有地铁线路都发生延误或改变运行区间。2020年5月22日,受暴雨影响,广州地铁官湖站外地面积水严重,雨水倒灌进隧道,导致无法出车,13号线暂停运营,车站停止服务,乘客只能改乘其他交通工具。2020年7月2日,因天气原因,武汉地铁2号线、4号线多个出入口突然进水,部分站点采取临时封闭措施,武汉地铁4号线为保证乘客安全,关闭了中南路站和梅苑小区站。

由此可见,作为地上泛滥河水或暴雨积水极易流侵的半封闭性空间,城市轨道交通地下空间是水灾危险性极高的区域。当遭遇强降雨、台风暴雨等极端降水事件及其导致的溃堤、漫堤等事件时,如果没有恰当的措施来阻止洪水进入地下空间,那么洪水将在地下空间中快速扩散,水淹深度的上升速度比在城市地表要快得多。

三、水灾应急处理措施

1. 水灾的应急处理程序

当城市轨道交通车站内出现水灾时,由于涉及乘客安全、运营管理、行车安全、设备设施安全等方面,因此,车站工作人员务必高度重视、迅速处理。

(1) 暴雨期间,各岗位应加强巡视,发现情况及时报告。
(2) 发现水浸车站出入口时,应及时设置挡水板、沙袋等防洪设施,防止雨水涌入站内。
(3) 在出入口处的地面、楼梯、通道处设置"小心地滑"警示牌,防止乘客摔伤。

（4）当出入口发生拥堵时，引导乘客到人少的出入口或进入站内，必要时向乘客发放一次性雨具。

（5）需关闭出入口时，设置隔离带、"暂停服务"警示牌，引导乘客由其他出入口出站。

（6）做好对乘客的广播工作。

（7）发现设备故障（区间消防水管破裂、废水泵故障）、水淹轨道等情况，应及时报告行车调度员，安排设备维修人员进行抢修及排水。

（8）如抢修作业需下线路，必须经行车调度员同意，确认停电后，方可安排抢修人员进入轨行区。

2. 各岗位职责

1）车站工作人员的职责

①值班站长的职责。

a. 接到行车值班员的通报后，立即赶到受灾出入口进行处置，劝导乘客在出入站时注意安全，并引导乘客尽量从其他出入口进出站。

b. 安排站务员、站厅保安、保洁员运送沙袋到受灾出入口砌挡水墙，进行抢险，并通知行车值班员向行车调度员请求关闭受灾出入口。

c. 接到同意关闭受灾出入口的通知后，安排客运值班员在站厅通道处设置隔离栏杆，张贴告示。

d. 发现雨水有漫过挡水墙的趋势时，立即要求厅巡和站厅保安继续运沙袋到受灾出入口砌挡水墙，打开车站排水沟盖板，并要求邻站运送支援沙袋。

e. 安排人员检查各设备房是否有水浸现象。

f. 发现隧道淹水时，及时接获控制中心的有关列车班次受影响而延误的信息，并启用车站广播通知车站乘客。

g. 车站出入口恢复正常后，通知工作人员立即将沙袋撤除，通知保洁员清理通道和楼梯卫生，通知行车值班员报行车调度员，恢复车站正常服务。

②客运值班员的职责。

a. 接到值班站长指令后，在站厅通道处设置隔离栏杆，张贴告示，并做好乘客服务和解释工作，引导乘客尽量从其他出入口进出站。

b. 协助厅巡运送沙袋，堆砌挡水墙。

c. 在抢险人员的指挥下，安排全站人员投入抢险。

③行车值班员的职责。

a. 接到厅巡报告后立即报告值班站长、机电驻站人员和OCC，通过CCTV监控出入口情况，将情况报告行车调度员。

b. 向行车调度员请求关闭受灾出入口；做好乘客广播服务工作，在PIS上显示相关信息，向站长和站务室领导汇报。

c. 监控水泵情况。

d. 接到值班站长可以恢复运营的通知后，报告行车调度员已恢复正常。

④站务人员的职责。

a. 发现车站地面积水持续上涨，有积水进入车站的可能时，立即报行车值班员。

b. 确认扶梯无人后停止自动扶梯运行,切断自动扶梯电源。

c. 在站厅通道和出入口处设置隔离栏杆,张贴关闭出入口的告示,并做好乘客服务和解释工作,引导乘客从其他出入口进出车站。

d. 观察水位情况,做好雨水导流工作。

e. 协助厅巡运送沙袋,堆砌挡水墙,并在抢险人员的指挥下投入抢险。

f. 水灾抢险结束后撤除隔离栏杆及告示,恢复车站正常服务。

2) 调度员的职责

①行车调度员的职责。

a. 通过CCTV观察车站情况,与车站行车值班员保持联系,并向OCC报告。

b. 隧道淹水时,通知所有列车司机有关受影响的沿线车站和区间;通知站务中心值班站长事故状况;注意监察当水淹到钢轨底部时,该轨道区段在MMI或LOW上显示红光带情况;通知事故段司机水淹到钢轨中部时限速25 km/h,淹到钢轨顶部时限速15 km/h;安排维修人员进入隧道查看。

c. 指示在事故区间的列车司机以限速人工驾驶模式继续前进,或倒退回之前的站台以疏散乘客;指示列车司机在抵达车站后,将驾驶模式恢复为自动驾驶模式;调度受此事故影响的、在正线的列车的运行方式。

d. 随时了解水情变化,必要时,通知电力调度员将接触网(轨)停电。

e. 当司机报告水已流过轨面,列车无法通过时,立即扣停后续列车,确认后续进路空闲(或按维修调度员要求速度执行,并注意地面线路运行安全及区间积水情况,发现险情立即报告);指示司机执行"退回车站"的安排。

f. 当水灾结束后,执行值班主任下达的"恢复列车营运服务"的指示;安排维修人员随乘出动,将事故情况记录在行车调度员日志中。

②环控调度员的职责。

a. 密切监督BAS及FAS的运行状态。

b. 监控环控系统相关设备的运行状况。若发现故障,则应及时报修,并指挥设备故障处理和维修工作。

③电力调度员的职责。

a. 加强对调度范围内供电设备实行操作管理。

b. 电力调度员应与行车调度员加强联系,密切配合,正确指挥,保证供电设备的正常运行。

c. 当接到行车调度员的停电通知时,迅速、正确地切断相应的接触网(轨)电源。

3) 列车司机的职责

①密切关注隧道内的水位情况,及时向控制中心报告淹水情况的事项,包括淹水的区段位置、水位的情况、增进或减退的趋势;请示列车是否能继续前进,驶过此区段,如列车不能驶过此区段,启用车载广播通知列车乘客事故状况,继续间断性地用车载广播通知乘客有关的事故处理进展情况。

②列车司机须遵从控制中心调度员的指示,如以限速人工驾驶模式驶过事故区段,在抵达下个车站,与行车调度员确认后,将驾驶模式恢复为自动驾驶模式。

③如果水位已到钢轨顶部,限速 15 km/h 运行;如果水已淹过轨面,列车无法通过,司机须在行车调度员的指示下后退回车站。

4) 机电检修人员的职责
①对水灾地点及时采取断水、堵水措施,开启全部排水泵排水。
②随时向值班站长和行车调度员报告水情。
③按照抢险预案要求,进行紧急处理。

3. 事故调查分析

事故处理完毕后,调查事故发生的原因,各部门在了解事故信息方面有无不足,如何改善;调查事故处理过程中,有无不当或不足,是否应该追究责任,各岗位人员在哪些方面还要提高,如何进行培训;调查事故处理结果,是否已将人员伤亡和损失程度降到最低。

4. 事故预防

1) 车站的预防
①加强对线路、站台、站厅、楼扶梯口、出入口的巡视。
②在特殊车站设置防淹门,配置防水沙袋等。
③在出入口增加排水通道。
④制定和完善应急处理方案,做好员工培训与演练工作。

2) 控制中心的预防
①关注气象信息,提前做好防灾准备。
②做好应急预案的培训和演练工作。

3) 乘务部门的预防
①乘务人员要保证良好的工作状态。
②做好乘务人员应急预案的培训和演练工作。

知识链接

城市轨道交通排水系统

城市轨道交通排水系统是车站给(排)水及防灾设计的主要内容之一。及时排放车站内部的积水,是保障城市轨道交通安全运营的重要措施。

城市轨道交通车站的排水系统既有一般地下建筑工程的共性,又有作为城市轨道交通工程的特点。城市轨道交通车站排水系统采用分流制,主要由废水系统、污水系统和雨水系统组成,分别通过潜水泵提升至室外压力窨井排出。其中废水包括车站冲洗水、消防废水和结构渗漏水等;污水主要为卫生间生活污水;雨水主要来自敞开式的出入口和风亭等。

污水泵站应设置在卫生间下的站台层设备区内,泵房集水池有效容积不应小于最大一台泵 5 min 的流量,但不得大于 6 h 的污水量,防止污水停留时间过长而沉淀、腐化。车站和区间主排水泵站(房)、污水泵房、洞口雨水泵站的集水池应设冲洗管、人孔和爬梯,集水池应设集水坑,坡向集水坑的坡度不宜小于10%。污水泵出水管上应安装回流冲洗管,以便冲洗污水集水池。污水经潜水排污泵抽至室外压力窨井后进入化粪池，处理后再排入城市污水管道。

废水排水系统主要是将消防废水、结构渗漏水、车站冲洗水等以地漏汇集，经排水立管引入站内线路道床排水沟，由排水沟流入车站废水泵房内的废水集水池，经排水泵提升后，排入城市雨水排水系统。车站应设置 2 台主废水泵，平时互为备用和轮换工作，消防或必要时同时工作，排水泵流量按消防时排水量和结构渗水量之和确定。我国《地铁设计规范》(GB 50157—2013)规定，泵站集水池的有效容积不得小于最大一台排水泵 15～20 min 的出水量。

雨水泵站主要设置在车站敞开式风亭内及敞开式出入口扶梯下，雨水排放设计按当地 50 年一遇的暴雨强度计算，集流时间为 5～10 min。出入口处雨水泵流量按出入口消防水量与雨水量之和选取，风亭处雨水泵流量按计算雨水量选取。雨水经潜水泵提升至压力窨井后再排入市政雨水管道系统。对于非敞开式出入口的排水泵站，可归于局部废水泵站，水泵设计流量仅考虑消防排水量。设有顶盖的风亭可不设雨水泵站，风亭的结构渗漏水可沿风道排入车站内，由地漏收集后排放至主废水池。雨水集水池的有效容积不小于最大一台排水泵 15～20 min 的出水量。

知识链接

城市轨道交通防淹门

我国《地铁设计规范》(GB 50157—2013)规定，跨河流和临近河流的地铁工程，应在进出水域的两端适当位置设防淹门或其他防淹措施。

防淹门作为城市轨道交通的防灾设备，主要应用在水系复杂、常年蓄水或地处海域海岛的地区。城市轨道交通在以地下线路穿越河流或湖泊等水域时，应考虑在进出水域的隧道两端的适当位置设置防淹门，以防止因意外使得洪水进入隧道和车站，避免造成大范围的人身伤亡和财产损失，有效保护地下设备和人身的安全。

城市轨道交通隧道防淹门呈开启状态时，虽然不会造成城市轨道交通车站内积聚洪水，对人员的安全撤离有一定帮助，但洪水会沿着区间隧道流入相邻的城市轨道交通车站，波及范围更广，影响更大。由于城市轨道交通线路四通八达，洪水往往会远离其最初进入城市轨道交通的源点。2001 年，台风"纳莉"使台北地铁陷于瘫痪，18 座淹水的车站，平均每座车站积水约 1 万 t，其中台北车站积水约 6 万 t，再加上区间隧道的积水，总积水量约 30 万 t。导致此次事件的原因就是城市轨道交通隧道的设计没有考虑防水间隔，也没有采用倾斜设计，以致洪水来临时，无法阻挡。

因此，城市轨道交通车站在区间隧道两端设置防淹门，不仅可以阻止越江隧道区间内可能侵入的水进入城市轨道交通车站，也能防止侵入城市轨道交通车站内的地面积水和洪水通过区间隧道淹及相邻的城市轨道交通车站。在洪水通过地面出入口入侵城市轨道交通车站时，应根据人员疏散撤离情况，适时关闭区间隧道的防淹门，以免造成更大的损失。

任务 3　地震应急处理

任务导入

2019年6月17日22:55，四川宜宾市长宁县发生6.0级地震，成都震感强烈。地震发生时，成都地铁仍在运营中，且每条线路都处于正常运行状态，并未受到此次地震的影响。

按照成都地铁地震应急预案要求，地震烈度达到5度时才启动应急预案；预警系统显示，地震烈度为2.9度，尚未达到预案启动标准。在预警系统报警后，指挥中心迅速按照有关规定，通知所有线路的司机，将自动模式改为手动模式，同时加强瞭望，还对全线网相关设施设备进行了排查。

任务描述

(1) 学习地震相关知识。
(2) 分析地震来临前后对城市轨道交通造成的影响。
(3) 模拟演练地震即将来临时的前期处置及针对不同震级的应急处理程序。

知识准备

一、地震概述

1. 地震的相关概念

(1) 地震。地震的英文为earthquake，又称地动、地振动，是地壳快速释放能量的过程中造成振动，其间会产生地震波的一种自然现象。

(2) 震源。地球内部发生地震的地方叫震源，也称震源区。它是一个区域，但研究地震时，常把它看成一个点。

(3) 震源深度。如果把震源看成一个点，那么这个点到地面的垂直距离就称为震源深度。

(4) 震中。地面上正对着震源的那一点称为震中，实际上也是一个区域，称为震中区。

(5) 震中距。在地面上，从震中到任一点的距离叫作震中距。

2. 地震的类型

(1) 天然地震（构造地震、火山地震）。
(2) 诱发地震（矿山冒顶、水库蓄水等引发的地震）。
(3) 人工地震（爆破、核爆炸、物体坠落等产生的地震）。

其中，天然地震中的构造地震是指地下深处岩石破裂、错动，把长期积累起来的能量急剧释放出来，以地震波的形式向四面八方传播出去，在地面引起的房摇地动的现象，这种地震占世界地震总数的85%～90%；天然地震中的另一种则是火山地震，它是由火山爆发引起的地震，这种地震占世界地震总数的7%左右。诱发地震主要是指人类活动如水库蓄水、矿山采矿、油田抽油注水等引发的地震。人工地震是指核爆炸、工程爆破、机械振动等人类活动引起的一系列地面震动。诱发地震和人工地震发生的概率占世界地震总数的3%左右。人们常说的地震一般都是指天然地震中的构造地震。

二、地震对城市轨道交通的影响

地震发生后,城市轨道交通管辖范围内除地面建筑受损外,可能还会产生以下几个方面的问题:

(1) 城市轨道交通列车脱轨、挤岔、相撞,甚至溜逸。
(2) 洞下结构局部受损,个别隧道错位,出现地下冒水、漏水现象。
(3) 隧道倒塌。
(4) 钢轨及下部建筑扭曲。
(5) 供电支架损坏,接触网线脱落。
(6) 电缆、上下水管道受损,供电、供水中断。

另外,发生地震时,乘客在紧急情况下极易发生恐慌,从而造成踩踏事故,继而引发伤亡。大量客流相互拥挤,给紧急疏散增加了难度,这就需要城市轨道交通全体工作人员共同协作,全力疏散客流,引导乘客正确逃生。

三、地震应急处理措施

1. 地震应急处理程序

城市人民政府城市轨道交通主管部门应当会同有关部门制定处理突发事件的应急预案,城市轨道交通运营单位应该根据实际情况制定地震、火灾、浸水、停电、反恐防爆等分专题的应急预案,建立应急救援组织,配备救援器材设备,并定期组织演练。当发生地震、火灾或其他突发事件时,城市轨道交通运营单位和工作人员应当立即报警和疏散人员,并采取相应的紧急救援措施。其目的是:做好城市轨道交通事故的防范与处置工作,保证及时、有序、高效、妥善地处置城市轨道交通事故灾难,最大限度减少人员伤亡和财产损失,维护社会稳定,支持和保障经济发展。

城市轨道交通事故灾害大致分为安全事故、自然灾害、人为突发事故三类,针对每一类灾害的具体措施可能千差万别,而各类灾害导致的后果和产生的影响却是大同小异。所以对于地震灾害,应根据不同的级别(由高到低),制定具有较强针对性的专项应急预案。

1) 一级预案

①启动一级应急措施。OCC电力调度员切断交流供电电源,启用紧急照明,列车紧急制动停车。列车司机负责组织列车上的乘客向车站疏散;车站站长或值班站长负责组织有关人员疏散乘客、保护城市轨道交通设备,并将情况报告OCC,若通信中断应设法与外界取得联系,并做好自救工作;OCC发布列车停运、急救命令,及时将灾情报告指挥部及市有关部门。

②车辆部、客运部、物资设施部及时成立应急处理工作组,召集各专业救援队队员,组织救援工具、物品。根据灾情尽快恢复动力照明系统供电,确定牵引供电系统送电方案。救援队出动救援,在起复机车、车辆和抢修线路中,快速确定方案,并报控制中心。方案确定后严格由救援队长统一指挥作业,有两个以上救援队联合作业时,应商定一名队长为总体指挥。

③必要时向指挥部、市政府有关部门和组织请求援助;指挥外援人员抗震救灾,尽快恢复电力运营。

④及时向指挥部、市政府报告震情、救灾情况以及运营开通情况。

2) 二级预案

①启动二级应急措施。OCC电力调度员切断牵引供电系统电源,启用紧急照明;列车司机制动停车,组织列车上的乘客向车站疏散;车站站长或值班站长负责组织有关人员疏散乘客、保护城市轨道交通设备,并将情况报告OCC,若通信中断应设法与外界取得联系,并做好自救工作;OCC发布列车停运、急救命令,及时将灾情报告指挥部及市有关部门。

②各应急处理工作组及时到位地履行职责,组织救援抢险,恢复牵引供电,恢复城市轨道交通线路运营。

③必要时向指挥部、市政府有关部门和组织请求援助;指挥外援人员抗震救灾,尽快恢复城市轨道交通运营。

④及时向指挥部、市政府报告震情、救灾情况以及运营开通情况。

3) 三级预案

①小于里氏6.5级的地震发生后,列车司机视灾情维持列车运行到前方站停车,疏散车上乘客;站长或值班站长负责组织有关人员疏散车站乘客、保护城市轨道交通设备,并将情况报控制中心,若通信中断应设法与外界取得联系,并做好自救工作;OCC视情况发布列车停运或限速命令,组织抢险救援,向上级领导报告有关情况。

②按市防震救灾领导小组的要求,在运营分公司抗震救灾应急指挥部的领导下,视震情、灾情组织抢险救援,具体落实抗震救援工作和措施,并及时报告有关情况。

2. 不同岗位人员的应急处理

1) 值班站长

一旦发生地震,值班站长应保持镇静,按上级调度指挥,组织车辆运行工作,组织并引导乘客疏散,配合各部门做好应急救援工作。

2) 站务员

站务员以救护乘客为主,主动疏散并引导乘客逃生。如果地震灾害比较迅猛,来不及逃生,站务员应采取就近原则,先在桌下、床下紧急避险,然后积极开展疏导乘客、救护伤员及组织乘客自救互救的工作。

3) 当班的列车司机

遇到险情时,当班的列车司机应立即采取紧急措施制动车辆,减少车辆自身动能与地震能量叠加。地震过程中若发现列车受损、接触网断线及隧道照明中断,应使用应急照明查看周围的情况,采用有效的措施与OCC或邻站值班站长联系,报告情况,以求得救援和行动指令。在孤立无援的困难条件下,列车司机是组织该列车所载乘客避险逃生的负责人,应立即采取一切可能的措施安抚乘客,组织乘客有步骤、有组织地脱离险境。

4) 设备值班人员

设备值班人员应关闭正在操作的设备,切断身边的电源,就近选择较安全的位置紧急避险。

5) OCC、变电站、变电所值班人员等关键岗位人员

这类人员应就近选择较安全的位置紧急避险,坚守岗位,立即进入抗震抢险救灾状态,

采取一切可能措施以减少地震造成的损失。同时着手调查，收集管辖范围内的人员、设施、设备损失情况，迅速将险情及初步救援方案向有关领导报告。

3. 事故调查分析

事故处理完毕后，车站做好人员伤亡统计，维修部门做好线路、设备的损坏统计。各部门对应急救援工作做总结分析，总结成功经验或是存在的不足，不断完善工作，提高应急处理效率和能力。

4. 事故预防

地震的预防主要从建筑设计、信息获取、应急处理方案等几方面着手。在进行线路、车站的设计与建造时，要考虑工程的抗震能力；城市轨道交通系统要与地震台保持信息畅通，获得地震信息后提前停运，震期要密切关注余震信息，以免造成二次灾害。应急处理方案是应急处理的灵魂，技术科应反复研讨并完善应急预案，各部门也应结合部门特点将应急预案具体化。各部门之间还应加强协作，加大应急演练力度，加强员工应急处理能力培训，常备应急处理物资。从震前、震期的各个方面来预防事故，将人员伤亡和损失降到最低。

四、地震灾害后的恢复与善后工作

（1）应迅速组织各专业救援队，由有丰富经验、有指挥能力、责任心强的人担任救援队长，组织营救人员和抢修设备。

（2）震后后勤保障组应联系专业医务人员，组成医务抢救队伍。

（3）震后物资设施组要组织通信、电力、给水排水抢修队伍，根据灾情特点，制订修复计划和任务。

（4）地震发生后，城市轨道交通隧道结构受到损伤，道床、钢轨等可能出现扭曲变形、位移，严重时可能断轨。因此，物资设施组工务专业人员须及时检查线路，抢修被毁路段。

（5）及时救援震后隧道内的车辆和被困乘客；及时将掉道、受损车辆起复，然后将其转移到安全地段并加装止轮器、车挡等，防止受余震溜车；对车辆内部应及时清理、检查，抢修被砸毁车辆；及时将受损车库内的车辆转移到安全地段并加装止轮器、车挡等，防止受震倾覆溜车。

> **知识链接**
>
> **地 震 等 级**
>
> 地震等级简称震级，是划分震源放出的能量大小的等级。地震所释放的能量越大，地震震级也越大。地震震级分为九级，一般小于2.5级的地震人无感觉，2.5级以上的地震人有感觉，5级以上的地震会造成破坏。
>
> 弱震震级小于3级。如果震源不是很浅，这种地震人们一般不易觉察。
>
> 有感地震震级等于或大于3级、小于或等于4.5级。这种地震人们能够感觉到，但一般不会造成破坏。
>
> 中强震震级大于4.5级、小于6级。中强震属于可造成破坏的地震，其破坏程度还与震源深度、震中距等多种因素有关。
>
> 发震时刻、震级、震中统称为"地震三要素"。

实训任务 1　强暴雨出入口水淹事件的应急处理

【任务目标】

(1) 使学生掌握城市轨道交通车站各岗位应对车站水淹的应急处理办法。
(2) 让学生演练车站各岗位之间的协调和配合工作。
(3) 培养学生将理论应用于实践的能力。

【任务实施】

1. 任务描述

某日发生强暴雨,雨水开始出现倒灌。学生根据以下预设条件分组进行演练。

(1) 出现强暴雨,OCC启动专项应急处理预案,行车调度员向车站发布恶劣天气警报,厅巡巡站时发现车站C口地面积水持续上涨。
(2) 暴雨持续,积水将威胁出入口安全,车站要做好应急抢险准备工作。
(3) 雨水有漫过上部挡水墙的趋势,车站调集人员投入抗洪抢险工作。
(4) 积水突破上部挡水墙,流进车站。
(5) 积水漫进站厅。
(6) 暴雨停止,车站接到OCC应急处理终止命令且车站紧急情况解除后,通知各岗位终止本方案,撤除防护,清理现场;司机确认具备动车条件,恢复正常驾驶。

2. 组织形式

(1) 学生可按每组6~8人进行分组,分别饰演车站的不同岗位工种。按照演练步骤,根据本单元所学内容,制定本组的演练方案,演练应急预案。
(2) 学生可反复演练,逐步完善演练效果。
(3) 各组设置观察员1名,用摄像机、手机等设备将演练过程拍摄下来,使用观察清单记录和分析该小组演练中存在的问题及对关键时间点的把握程度。演练视频也是教师评价依据之一。
(4) 演练后应对演练效果进行评价,并汇报说明演练中存在的问题,提出改进措施。

【任务评价】

实训任务1　强暴雨出入口水淹事件的应急处理		
考核内容	分　值	考核得分
1. 对强暴雨导致出入口水淹应急处理知识的掌握情况,在应对出入口水淹过程中的相互协作及应急处理能力	40	
2. 演练方案的完成情况(汇报效果)	20	

续表

考核内容	分值	考核得分
3. 演练过程考核（团队分工、角色设置、处理程序）	30	
4. 课堂表现及职业素养	10	
总体评价		
教师评价（40%）	小组自评（30%）	小组互评（30%）	学生姓名	
			分数	

实训任务2　城市轨道交通遭遇地震演练

【任务目标】

（1）能按各个岗位工作人员的职责及正确的处理程序对地震灾害进行应急处理。
（2）能填写事故调查表，能完成事故调查报告，能提出预防改进措施。
（3）能对情景模拟进行自评与总结，并不断完善。
（4）能妥善处理各种细节，做到随机应变。具备爱岗敬业、坚守岗位的职业素质。

【任务实施】

1. 任务描述

本市地震台发布地震通报，行车调度员向全线列车发布限速运行至前方站停车清客的命令，车站立即封站，组织乘客疏散。处理流程如下。

（1）行车调度员通知全线列车清客，司机做好广播工作并安抚乘客。

行车调度员："全线列车司机注意，接市地震台发生地震通报，全线列车限速运行至前方站停车清客。"

司机："××次列车司机有，接市地震台发生地震通报，全线列车限速运行至前方站停车清客。明白。"

列车广播："各位乘客请注意，由于发生紧急情况，列车即将在前方站终止服务，请勿触碰车内设施，列车到站后请所有乘客下车，给您带来不便非常抱歉。"

（2）行车调度员通知全线车站疏散乘客并封站。

行车调度员："全线车站请注意，接市地震台发生地震通报，全线车站立即疏散乘客并封站。"

（3）车站接到通知后，值班站长启动地震应急预案，安排车站工作人员封站，疏散乘客。

车站值班站长："车站所有工作人员请注意，由于发生地震，现在启动地震应急预案，所有工作人员做好乘客疏散与封站工作。"

（4）车站工作人员根据值班站长的指示，做好相应工作。

①站台岗：迅速将站台乘客向站厅疏散，列车到站后协助疏散列车上的乘客。

②售票员:停止售票,锁好车票、票款和票亭,打开边门疏散乘客。
③保安:到出入口粘贴告示,阻止乘客进站。
④厅巡:关停车站所有扶梯,疏散乘客。
⑤票务员:锁好票务室(点钞室),到站厅疏散乘客。
⑥其他所有工作人员:协助疏散乘客,若有乘客受伤,做好乘客的救护工作。

(5) 车站值班员按压 AFC 闸机紧急释放按钮,打开所有进出站闸机,并利用广播引导乘客疏散。

车站广播:"各位乘客请注意,由于车站发生险情,请所有乘客按照工作人员的指引,迅速离开车站,请照顾好身边的老人和小孩,注意自身安全,谢谢您的配合。"

(6) 车站值班员立即拨打"119、120"寻求支援,留守岗位,通过 CCTV 观察车站情况,与值班站长、行车调度员、环控调度员保持联系。

(7) 事后恢复:得到市地震台地震平息的通报后,行车调度员通知各部门做好恢复运营的准备工作。

①各维修部门对线路、设备、信号通信系统等做全面检查,确认具备恢复运营条件后报告行车调度员。
②车站人员清理现场,具备运营条件后报告行车调度员。
③行车调度员报集团公司分管领导批准后,下令恢复运营,各部门工作人员回到自己岗位,恢复日常工作。

2. 组织形式

以 6~10 人为一组,分角色扮演各运营岗位人员:乘客若干,司机、行车调度员、环控调度员、维修人员、值班站长、值班员、站务员若干,消防人员、急救人员等。

3. 任务准备

(1) 根据所分配的情境,合理设置细节,要符合常理,不能刻意简化情境。
(2) 急救箱、担架、警戒绳、应急照明、对讲机、电话、安全帽、扩音器、广播等物资准备齐全,运用合理。

4. 实施步骤

(1) 给各组分配情境任务。
(2) 组内讨论情境细节、人员与职责、物资等。
(3) 情景模拟。
(4) 事故调查及预防。
(5) 自评与总结。

【任务评价】

实训任务 2 城市轨道交通遭遇地震演练		
考 核 内 容	分　值	考 核 得 分
1. 对地震应急处理知识的掌握情况,在应对地震灾害过程中的相互协作及应急处理能力	40	

续表

考核内容	分值	考核得分
2. 演练方案的完成情况（汇报效果）	20	
3. 演练过程考核（团队分工、角色设置、处理程序）	30	
4. 课堂表现及职业素养	10	
总体评价		
教师评价（40%）	小组自评（30%）	小组互评（30%）	学生姓名
			分数

实训任务 3　暴雪天气应急处理

【任务目标】

（1）能按正确流程对恶劣天气灾害进行应急处理。
（2）清楚各个岗位工作人员的职责及应急处理程序。
（3）能妥善处理各种细节，做到随机应变。
（4）能对情景模拟进行自评与总结，并不断完善。
（5）能填写事故调查表，能完成事故调查报告，能提出预防改进措施。
（6）具备爱岗敬业、坚守岗位的职业素质。

【任务实施】

1. 任务描述

某年 1 月 12 日，因暴雪突袭，某地铁站 A、B、D 三个出入口已被厚雪覆盖，此时正值下班高峰期，大部分乘客滞留在楼梯口，无法出站，某乘客因地面湿滑而不慎摔倒，导致双手擦伤。另一部分乘客受阻于出入口外，无法进入车站乘车。

2. 任务实施

（1）能认真确定任务目标，正确运用车站突发事件处理原则，遵循应急规范，按照应急预案基本程序编制本小组演练方案。
（2）编写完毕后，按照流程认真有序地扮演方案中的各个角色，完成岗位工作。
（3）各组设置观察员 1 名，用摄像机、手机等设备将演练过程拍摄下来，使用观察清单记录和分析该小组演练中存在的问题及对关键时间点的把握程度。
（4）演练完毕后，做好自我评估总结和汇报工作。

【任务评价】

<table>
<tr><td colspan="3">实训任务 3　暴雪天气应急处理</td></tr>
<tr><td>考 核 内 容</td><td>分　值</td><td>考核得分</td></tr>
<tr><td>1. 对暴雪天气应急处理知识的掌握情况,在应对暴雪天气过程中的相互协作及应急处理能力</td><td>40</td><td></td></tr>
<tr><td>2. 演练方案的完成情况(汇报效果)</td><td>20</td><td></td></tr>
<tr><td>3. 演练过程考核(团队分工、角色设置、处理程序)</td><td>30</td><td></td></tr>
<tr><td>4. 课堂表现及职业素养</td><td>10</td><td></td></tr>
</table>

总体评价				
教师评价(40%)	小组自评(30%)	小组互评(30%)	学生姓名	
			分数	

思考与练习

(1) 什么是恶劣天气？城市轨道交通系统运营过程中应当注意哪些恶劣天气？

(2) 城市轨道交通运营公司是如何判断和传递恶劣天气信息的？

(3) 简述恶劣天气期间的车站一般应对措施。

(4) 如果你所在的城市出现暴雪,作为站务员,在日常工作中,你应该注意哪些问题？

(5) 试结合国内外案例,简述地震对城市轨道交通运营的影响。

(6) 夏季是暴雨频发的季节,若在车站中出现积水漫进车站的情况,作为值班站长,你应当怎样处理？

参考文献

[1] 贾毓杰. 城市轨道交通通信与信号[M]. 2版. 北京:机械工业出版社,2014.
[2] 王靓,于赛英. 城市轨道交通应急处理[M]. 北京:机械工业出版社,2014.
[3] 王芳梅,刘杰. 城市轨道交通应急与安全管理[M]. 北京:清华大学出版社,2017.
[4] 史小薇,刘炜. 城市轨道交通行车组织[M]. 重庆:重庆大学出版社,2013.
[5] 中国法制出版社. 中华人民共和国安全生产法[M]. 北京:中国法制出版社,2014.
[6] 刘利莉. 城市轨道交通突发事件应急处理[M]. 北京:机械工业出版社,2017.
[7] 李宇辉. 城市轨道交通应急处理[M]. 2版. 北京:人民交通出版社,2017.